轻学术文库
既严肃严谨又轻松好看的学术书

成为更理性的人

哲学始于惊诧

张新刚 著

海南出版社
·海口·

图书在版编目（CIP）数据

哲学始于惊诧 / 张新刚著. —— 海口：海南出版社，2024.6

（成为更理性的人）

ISBN 978-7-5730-1550-1

Ⅰ.①哲… Ⅱ.①张… Ⅲ.①哲学 – 通俗读物 Ⅳ.①B-49

中国国家版本馆CIP数据核字(2024)第042124号

成为更理性的人：哲学始于惊诧
CHENGWEI GENG LIXING DE REN:
ZHEXUE SHIYU JINGCHA

作　　者	张新刚						
责任编辑	徐雁晖	刘兴华	项　楠	宋佳明	陈淑芸	胡守景	
执行编辑	戴慧汝						
特约编辑	王　偲	顾晨芸	丁　虹	沈　骏			
特约策划	张　萌	何嘉欢	仇　悦				
封面设计	陈　晨						
印刷装订	三河市中晟雅豪印务有限公司						
项目统筹	吕　航						
策　　划	读客文化　爱道思人文学社						
版　　权	读客文化						
出版发行	海南出版社						
地　　址	海口市金盘开发区建设三横路2号						
邮　　编	570216						
编辑电话	0898-66816563						
网　　址	http://www.hncbs.cn						
开　　本	880毫米×1230毫米 1/32						
印　　张	8						
字　　数	186千字						
版　　次	2024年6月第1版						
印　　次	2024年6月第1次印刷						
书　　号	ISBN 978-7-5730-1550-1						
定　　价	59.90元						

如有印刷、装订质量问题，请来电 010-87681002（免费更换，邮寄到付）

版权所有，侵权必究

图1：《鞋》梵高 1886年
　　　梵高博物馆藏

图2：《亚伯拉罕的献祭》伦勃朗　1635年
俄罗斯圣彼得堡艾尔塔什博物馆藏

哲学始于惊诧

"哲学始于惊诧",这是古希腊著名哲学家柏拉图和亚里士多德对哲学开端的思考。亚里士多德还认为,哲学是自由人的自由追求,并无别的目的,而是为了解答自己的困惑。亚里士多德在他的著作《形而上学》一开始就说:"人在本性上想要知道。"那么,人究竟想要知道什么呢?在很大程度上,人求知是因为有了困惑,而困惑往往又从身边的事情而来。

比如,你看到一些人并不遵守道德和法律的规范,却能逃避制裁,过着比你还好的生活,你开始问自己,正义究竟是怎么来的?还有些时候,我们会对自己的生命发出疑问——为什么我们会来到这个世界?父母从未征求我们的意见,就在某个时刻把我们"带到"这个世界;来到这个世界之后,人又必然走向死亡,完成一个或长或短的生命周期。那么自己活着有意义吗?自己在死亡之后还会继续存在吗？

更进一步，你有时候会对"自己"产生疑惑。我们每一个人都希望有一个"真正的自我"，这个"真正的自我"能够界定我们，并且不轻易变动。在日常生活中，"我"会用各种标识来进行表达，比如姓名、出生日期、籍贯、职业、履历等，向别人拼凑一个自己，但这些回答似乎指向"我是谁"，而非"我是什么"，这些回答似乎离那个"真正的自我"还很远。另外有一些回答说，"我"是我的意识或者灵魂，当问出关于"自我"的问题时，人才开始有了"我"，再通过记忆将"我"积累并收束在一起。还有人会说，"自我"本来就没有固定的本质，而是人通过生活和思考将之创造出来的。甚至有的宗教还会认为，不要执着于"自我"，它只是人类为自己制造的幻象，等等。这些关于"自我"的答案在我们的日常生活中都会出现，究竟哪一个答案最有说服力，恐怕还需要每个人自己去决定。

除了关于道德和自我的困惑，还有一些我们习以为常但可能存在疑难的事情。英国有位哲学家叫大卫·休谟，他曾经质疑了因果关系的形成机制。比如，太阳晒热了石头这件事情，我们会很自然地认为太阳是石头热的原因，而石头热是太阳晒的结果，我们会在头脑中很顺畅地建立起因果关系。然而，细究起来，我们能确知的只是两个单独的事实：一个是太阳晒，另一个是石头热。但如何能够在二者之间建立起因果关系呢？人可能只是看过太多次太阳晒在先，而石头热在后，这种现象不断重复，让人产生了固定的印象，人就会建立起习惯性联想。那么因果关系本质上可能是人的一种主观联想，而并不是客观规律。这两个现象只是时间上有先后，但它们并不一定存在因果关系，大卫·休谟的说法实际上将先后相继出现的两个现象的关联打破了。再比如，基于人类数百万年的观察，太阳每天都会升起，那么我们能够百分百确定太阳在明天依旧会升起吗？按照大卫·休谟的怀疑，人并不能基于归纳和经验而对未来的事情进行确认和证明。

我们一旦有了这些困惑，就会想用各种方法来探究和回答。亚里士多德甚至说，哪怕是神话，也是对这些困惑的回答，所以神话也都是在"爱智慧"。举个例子，古希腊神话对人类日常生活的很多事情都进行了解释，比如人为什么会死，以及人为什么要非常辛苦地劳作才能维持生计。根据古希腊神话，人和神最初是住在一起的，那时人非常快乐，没有死亡的困扰，也不需要劳作，这个时代也被称为黄金时代。一切的变化都是由于普罗米修斯对宙斯的欺骗。

有一天，宙斯命令普罗米修斯去宰一头牛分给诸神和人。普罗米修斯首先把牛身上所有的骨头放在一起，并且在骨头上面涂了一层令人垂涎欲滴的纯白的牛油。这是他准备的第一堆食物。接着，普罗米修斯就把牛肉都集中在另一堆，但是在上面盖上了牛皮，然后又把牛胃、牛肚放在牛皮的上面。如果只从表面看，我们会以为这就是一堆不太美味的东西。

普罗米修斯把这两堆食物摆在宙斯面前让他挑,宙斯完全知道普罗米修斯在耍什么小聪明,就故意选了上面涂满牛油,但下面是骨头的那一堆食物。这样一来,人就分到了表面是内脏,但是下面是肉的那一堆。宙斯当场翻开上面的牛油,发现下面除了骨头还是骨头,他马上就对欺骗自己的普罗米修斯大发雷霆,命令人不能再和神生活在一起,把人打下了凡间。

普罗米修斯的这个分配也决定了后来神和人吃不同的东西。人吃终会腐坏的肉,因为肉是动物身上那些必死的部分,人就被分配到必死的动物这一类。宙斯把人赶到凡间后,还故意把火和麦子藏起来。后来普罗米修斯盗火种给了人,人才得以存活,人必须把谷物的种子埋到土里,才能获得食物。所以,神话表面看起来是故事,其实是人类用以解释自己和世界的关系的一套心智模式,也是始于人对世界的惊诧。

另外一种求知的解释范式是科学。科学和哲学并不应该被截然分开或者对立起来,从人类的历史来看,科学的探究逐步从哲学里分离出来,是人类不断试图用具有确定性的知识来理解人和这个世界。当我们问这个世界是什么的时候,科学家会从宇宙大爆炸开始,讲地球和银河系的历史;当我们问时间和空间的时候,科学家会告诉我们,时间是量子尺度上可计数的状态变化,空间是物质变化的呈现。当然,我必须坦白,由于缺乏相关的专业知识，在听了科学家的这个回答后，我实际上也并不真的明白时间和空间是什么。哲学并不排斥或贬低科学的探究，而是会以另一种方式来讨论时间和空间。或者说，哲学史上有很多关于时间和空间的回答，但是没有一个标准答案。与其说哲学要给出确定的答案，不如说哲学更注重精准地提出问题，不断推进问题的本质，让人可以一直追问下去。真正的问题可能永远无法回答，但追问与探寻答案可以一直伴随人的思考。

说了这么多，哲学究竟是种什么类型的思考活动呢？当说哲学始于惊诧的时候，也就说明哲学始于反思，即人对熟悉的世界开始进行反思。我们被抛进这个世界后，都会自然地睁眼看世界，接受这个世界已有的价值观念体系，知道什么是善恶。一旦有一天，我们看到太阳晒的石头下面还有一堆火在燃烧，才知道原来石头发热可能有多种原因；或者有一天，你突然看到这个世界上还有和自己的价值体系完全不同的生活方式，并且那些生活方式也是值得选择的，甚至是更符合你的心性的。

哲学不仅始于惊诧和反思，而且要我们一直坚持追问。著名的哲学家苏格拉底曾说："我只知道自己一无所知。"这句颇有些反讽的话实际在说，对一切所谓的具有确定性的人类知识，我都要质询一下，我不能想当然地接受已有的知识，而是要追问这些知识是否真的有可靠的依据。与其把未经省察的东西当作确凿的知识，还不如承认自己无知，而知道自己无知其实已经是件不得了的事情了。进而，苏格拉底提出，未经省察的人生是不值得过的，那就是说，人不能在浑浑噩噩中度过这偶然的一生，而是要清醒地凭自己的思考在世界上有意识地生活。

本书的内容来自一个音频课程，是借着哲学史上先哲们的思想，和大家一起思考十五个问题，从而对一些基本的哲学问题进行简要的讨论。有一些问题和世界相关，比如，世界真的存在吗？现象背后有本质吗？人能够认识真理吗？还有一些问题和个人的生活相关，比如，自我是什么？爱究竟是荷尔蒙的欢愉还是精神的提升？朋友圈还有朋友吗？人生真的有意义吗？哲学是对死亡的练习吗？另外一些问题和社会生活相关，比如，道德的基础是什么？"普世价值"存在吗？有理想的完美国家吗？等等。

对这些问题的讨论并没有确定的答案，我们会尽量把哲学家们对永恒问题的提出与剖析呈现出来。这十五个问题是给你我发出的哲学的邀请函，期待我们一起带着困惑，和这些问题相伴余生，让哲学成为你我的生活方式。

目 录

01 教育：灵魂转向的艺术　　001
引子：教育的时代困境　　003
柏拉图：三种教育与洞穴寓言　　005
哲学思考与人的第二次出生　　011

02 哲学之始：熟悉世界的陌生化　　017
引　子　　019
苏格拉底：我只知道我一无所知　　020
哲学思考是每个人的生活方式　　025
熟悉世界的陌生化　　028

03 认识自我：我思故我在？　　033
引　子　　035
自我：社会存在、身体与灵魂　　037
自我：思维与意识　　041
无我与待构建的自我　　044

04 发现"世界"：事物本性与心灵观念　　049

引　子　　051
柏拉图的两个世界　　053
真实的世界在你的心灵之中　　056
重建对世界的信任　　060

05 获知真理：人为自然立法　　065

引　子　　067
信念与知识　　069
怀疑论　　072
人为自然立法　　077

06 结交朋友：一个灵魂，两个身体　　081

引　子　　083
真正的朋友，让彼此能够成为更完善的人　　084
超越性的友爱模式　　088
自爱与友爱　　093

07 寻觅爱情：柏拉图式的爱与那喀索斯　　097

引子：为了爱情而离婚?　　099
爱的阶梯　　100
那喀索斯与爱情　　105
为爱情定位　　110

08 习俗为王：价值相对主义的困局　　113

习俗为王?!　　115
习俗和自然　　119
分层的习俗　　125

09 考问好人：道德与义务的理由　　129

引　子　　131
传统主义　　132
后果论　　135
义务论　　138
德性论　　141

10　辨析正义：弱者的武器还是强者的利益？　145

正义是强者的利益吗？　147
正义是值得选择的吗？　149
国家的正义与灵魂的正义　152
作为公平的正义　155

11　国家理由：自然状态与社会契约　161

从普罗米修斯神话说起　163
统治者应该最不愿意统治　165
政治的道理　168
社会契约论　172

12　欣赏艺术：美、真与观念的纷争　177

引　子　179
真与美的纠缠　180
艺术与真理　186
艺术与观念　189

13 理解信仰：致命一跃与自身的交付　　193

头顶三尺有神明？　　195
神：对无限的经验　　196
神：信仰与忠诚　　198
理性信仰　　200
无神论　　203

14 死亡教育：哲学就是练习死亡　　209

哲学与练习死亡　　211
向死而生　　214
自　杀　　217
永生是值得欲求的吗？　　220

15 何以成人：生得荒诞，活得虚无？　　225

意义的危机　　227
考问意义　　229
把自己当作礼物　　234

01
教育:灵魂转向的艺术

01 教育：灵魂转向的艺术

引子：教育的时代困境

在当代中国谈起教育，每个人都有一肚子话要说。因为大部分人都曾经或正在被教育折腾着：要么和自己较劲，要么和孩子较劲，要么和时代较劲。前些日子，网上有一篇传播甚广的文章。在这篇文章中，作者王食欲讲述了自己作为北京第一代"鸡娃"所经历的内卷教育，以及这一代人的现状。

身为"95后"的北京女生，王食欲回忆说，她从4岁就开始了被"鸡"生涯，之后便是我们非常熟悉的各种辅导班和各种绝处逢生的升学经历。但在升入著名的北京四中后，作者发现真正的"卷"才刚刚开始。一共十八个人的班级中，就有三个人出过书，而且学校的一个游学项目的目的地竟然是南极。高考以后，王食欲去了北京电影学院导演系读大学。目前，她是一名自由职业者，出版了相当不错的历史小说，但仍买不起一线城市的房子。最后,王食欲感慨说,爹妈"鸡"了孩子二十年,却万万没想到,"鸡娃"们长大后并没有机会"开疆拓土",还是只能在他们原先开辟的那一块小小的"土壤"上精耕细作。王食欲说,她的很多"鸡娃"朋友也已经想开了:有的工作之余搞起了烘焙,有的辞职当酒保,有的在 B 站做 UP 主,还有的竟然去做了健身教练。

如果把王食欲放到全国来看,她所接受的教育和目前的生活状态应该算是不错的了,因为,她至少在做自己喜欢的事情。实际上,相比于父母在孩子身上打的"鸡血"和投入的心血,这些孩子并没有都飞黄腾达,用王食欲自己的话说,她的同学们整体上并没有出人头地,反而对自己的教育经历和当下的生活产生了深深的怀疑。每每看到类似讨论教育的文章,总会让人进一步追问和反思:究竟什么才是教育?教育的目标到底应该是什么呢?要回答这些问题,去请教有智慧的先哲总是没错的,恰好西方哲学史上最重要的哲学家之一柏拉图对此有非常精辟的回答。在柏拉图看来,教育对人而言至关重要,并且教育在本质上就是哲学思考的发生与进行。

01 教育：灵魂转向的艺术

柏拉图：三种教育与洞穴寓言

无论古今中外，大家在谈论"教育"二字的时候，实际上都意识到它包含着很多不同层次的内容。所以，我们首先需要把"教育"的含义进行分类。

柏拉图（Plato）把教育分成三种[1]，虽然几千年过去了，但是这种分类对今天的我们来说仍然适用。第一种教育，最为通俗的理解，就是每个人从事的行业所需要的职业教育。比方说，我小时候特别着迷于机械和挖土，长大后我进入山东蓝翔技校学习，成为一名技艺高超的挖掘机司机，以开挖掘机作为自己谋生的手段。再比如，我小时候爱搭积木，长大后通过学习和实践成为一名建筑师，能够设计和建造美观且功能合理的房屋。这类教育的实质都是职业教育。父母往往也会在孩子还小的时候就关注他们与未来的职业相关的天赋，比如，如果孩子有建筑师的天赋，父母便会通过搭建模型来培养孩子的兴趣，把孩子引领到他以后要做的事情上面。职业素养的教育实际上构成了所有社会的基石，每个人都在不同的行业中做自己擅长的事情，并且通过自己的工作让自己能够在社会中生存。

---

1 ［古希腊］柏拉图：《法律篇》643b—644b，中译本参见林志猛：《柏拉图〈法义〉研究、翻译和笺注》第二卷，华东师范大学出版社2019年版。

不过，在日常生活中，我们对那些在自身领域内业务高超的人，仍然会说其中的一些人"受过教育"，另一些人则"没受过教育"。所以柏拉图说，如果只是为了获得金钱而学会了一些技能或知识，并不能称为教育，即职业教育并不能被称为真正的"教育"。在柏拉图看来，只有培养人的德性，让人能够成为合格的公民，知道如何统治和被统治的教育，才能被称为"教育"。

我们可以将这第二种教育称为政治教育或公民教育。当然，在柏拉图生活的时代，他所在的雅典城实行的是民主政治，拥有公民权的公民可以在公民大会上直接就城邦公共政策进行发言和辩论。而在现代社会中，由于广土众民，国家性的政治活动成为专业公务人士的职业，但是我们每个人也都身处社会具体的大小组织中，都需要在具体的技能工作之余，对所在组织的公共利益有明智的判断，甚至还需要通过自己的专业知识，对国家的公共性事务发表科学合理的建议，以此来平衡个人与整体、眼前利益与长远利益的关系。

仅有前两种教育还不是教育的全部，柏拉图提出还有第三种教育，这就是把人培养成为好人的教育。"培养好人"作为教育的目标是任何人都不会否认和拒绝的，这一目标与前两种教育的目标并不矛盾，只是在二者基础上提出了更高的要求。那什么样的人才是柏拉图定义的"好人"呢？在柏拉图以及古

01 教育：灵魂转向的艺术

希腊人的眼中，"好人"意味着这个人有着卓越的德行，品行高尚；而要成为好人就必须热爱智慧，用理性来指导自己的生活，拥有良好的灵魂秩序。只有在第三种教育里，人才能真正活得好，成为"完善的人"，也就是获得幸福。

综上所述，柏拉图根据教育目标的不同区分了三种教育，这三种教育其实对应着三种生活方式：第一种是赚钱谋生，第二种是社会和公共生活，第三种是哲学生活。如果以柏拉图的眼光来审视当下的世界，我们会发现大部分人都忙碌在第一种生活样态中，即通过专业技能来谋取生存。这并不是说第一种教育不好，恰恰相反，专业技能对于生活来说是必需的。但同时我们还需要知道，生存并不是人生的全部。用柏拉图的话来说，人不仅需要活着，还要活得更好。谋生非常重要，但仅仅拥有谋生的技艺并不必然使人更有教养，更不必说活得幸福了。所以，教育不仅是知识学习和技能培训，更重要的是要让人知道什么才是值得追求的。我们每个人自从降生到这个世界上，就会被动地接受社会既有的价值观，并且会不自觉地遵循这些价值观，尽可能活得符合社会规范，但却很少反思：这些既有的价值规范真的是值得追求的吗？针对这一问题，柏拉图通过一个著名的比喻讲出了教育的本质，这就是洞穴寓言。

柏拉图在他著名的《理想国》第七卷开头讲了一个富有深

意的洞穴寓言。[1]设想人类生活在地下的一个深深的洞穴中，每个人都被绑住了，身体不能动，连头也不能左右摆动，只能看到眼前的墙壁，当然人们并不知道自己身处洞穴之中。在这群人的背后有一堵矮墙，墙后有一堆火在燃烧，有人在矮墙的墙头摆弄着一些木偶，木偶的影子就投射到洞穴墙壁上。我们对这个场景应该并不陌生，无论是看皮影戏，还是今天坐在房间里看投影到墙上的幻灯片，基本都是同样的原理。唯一的区别是，我们知道皮影或投影是如何显现在幕布上的，而洞穴里被绑住的人从小到大看到的只是二维的黑色的形状。他们甚至并不知道这些变动的黑色的形状只是"影子"，所以会认为这些黑色形状就是真实世界。不仅如此，每当墙壁上出现三角形的形状，同时伴随一声"砰"的声音时，被绑住的人就会认为是那个三角形发出的声音。

柏拉图接着说，这时候被绑住的人里有一个突然被松绑了。想象一下，会发生什么事情呢？这个人很可能首先会左右环顾，吃惊地发现这个世界上还有其他和自己一样的人存在。接着向后转，他会看到矮墙以及矮墙后面的火堆，还有矮墙上的各种木偶。这时候他就会突然意识到，自己从小到大看到的那些黑色形状只不过是这些木偶的影子，而木偶原本是立体

---

[1] ［古希腊］柏拉图：《理想国》514a—517a，中译本参见岳麓书社2010年版，由顾寿观翻译，吴天岳校注。后文关于《理想国》的引用，中译本均是此书。

的，经过火光映照投射到洞穴的墙壁上后就只剩下平面的形状。这些影子并不是木偶本身，也就不像木偶那般真实。

当这个人穿过矮墙和火堆，继续朝着洞口走去时会发现，离洞口越近，洞口处的光也越亮。终于他慢慢走出了洞穴，但迎接他的却是太阳光带来的巨大眩晕。站在洞穴外的他不敢抬头睁眼，只能让自己慢慢适应这个陌生的世界。他慢慢睁开眼睛，首先看到的是洞穴外面事物的影子，比如树的影子、动物的影子，以及各种事物在水里的倒影，然后他才会慢慢抬头去看这些事物本身。适应了这些之后，他在晚上可以试着凝视月亮和星光，最终到了白天也可以直视太阳。只有等到他看到太阳之后，他才知道，太阳才是一切光亮和万物的来源，而洞穴外的世界才是更加真实的世界。

洞穴寓言展示了多重世界。首先是洞穴墙壁上二维的黑色形状，这些形状实际上是木偶的影子；其次是产生那些影子的木偶，它们可能是树的形状或者马偶，虽然是三维立体的，但却并不是真的树或者马；最后才是洞穴外真实的世界，这个世界中也有倒影，但这些倒影是真实的事物的影子。在洞穴外可以看到真的树和马，并且洞穴外还有最重要的、让世界得以产生和运行的太阳。

看完这个洞穴寓言，我们会马上联想到很多电影情节，比如《楚门的世界》(*The Truman Show*)就是将这个比喻做了现代的翻版演绎。主人公的名字楚门（Truman，意为"真实的人"）本身就充满了反讽，实际上楚门就是那个被松绑了的洞穴人，剧情的线索就是楚门如何走出被人为设计的生活秀剧场，成为"真实的人"。回到柏拉图的这个洞穴寓言，我们可以对它进行多种解释，从最直接的寓意来说，它是在讲人类的处境以及教育的本质。

我们每个人其实都是洞穴人，生来就住在洞穴中，被各种既有的观念和经验塑造着自己的认知，指导着自己的行为。我们通过自己的观察和经验生活，并运用不同的黑色形状和不同的声音建立起自己认为的真实的因果关系，进而为自己构建起一整套可以自洽的意义世界。但我们并不知道，自己每天所看到的影子和听到的声音实际上是被他人操纵的木偶投影及声音，我们甚至对木偶本身都一无所知，更不用说木偶所模仿的真实世界。

为什么说这个洞穴寓言是在讨论教育的本质呢？首先，教育是什么呢？教育并不是给被捆绑的洞穴人解释不同形状的影子意味着什么，影子和声音之间有什么关联，这些信息知道得再多也是徒劳，因为它们在根本上都是不真实的。在柏拉图看来，教育最重要的或者说教育的首要任务甚至都不是直接告诉洞穴人什么是真实，或者告诉他们洞穴外的世界是什么样的，因为对于被捆绑的人来说，那些知识无异于天方夜谭。柏

01 教育：灵魂转向的艺术

拉图说，当走出洞穴的人再次回到洞穴时，他告诉自己的同伴们墙壁上这些黑色的形状是怎么一回事，以及洞外世界是什么样子之后，同伴们都认为他上去了一次却瞎了眼睛回来，并认为上面根本不值得去。这个人如果还试图劝说他们往上走，那他的同伴甚至想把他杀死。

所以，教育并不是简单地灌输知识，哪怕是灌输在真实世界所获得的知识。教育的本质是要让被捆绑的洞穴人的灵魂从面朝墙壁转向面朝洞口，并一路艰难爬升，用自己的理性去一步步看清世界的真相。如果用一句话总结柏拉图的洞穴寓言对于教育本质的启发，那就是柏拉图所说的教育是灵魂转向的艺术。

哲学思考与人的第二次出生

柏拉图说教育是灵魂转向的艺术，我们可以将这句话理解为教育就是一个接生婆，它将人第二次带到这个世界上来。我们每一个人的第一次出生都是父母带来的，然而父母并没有和我们商量过我们要不要来到这个世界，或者来到哪个具体的时空。所以，人的第一次出生是极为被动的，并没有什么选择权，我们就被单方面抛进了此时此地。

而一旦我们来到具体的物理和伦理世界，教育和学习就成为必须经历的过程。教育和学习的目标首先是要掌握一门谋生的技能，能够生存下来；继而努力成为符合某个特定共同体认定的优秀之人，优秀的标准可能是金钱、名誉、学识等。这些无疑都是非常重要的。人通过自己的体力和脑力劳动获得既定世界的社会认可，实现自给自足的生活，甚至物质上更为优渥的生活。虽然这一切是必需的，但并不见得是最好的。因为我们身处的任何一个具体的生活世界就如同柏拉图所讲的"洞穴"，在第一次出生后我们接受的并不是教育，而是灌输：既有具体信息的灌输，也有生活方式的灌输，更有价值观的灌输。这些灌输的实质是规训，把这个共同体中的每个人都教化成为符合共同体标准的成员。到此为止，我们都是被动地活着，虽然掌握了很多信息或知识，但基本处于被动地位。

教育真正发生的时刻实际上是自己意识到自己处在被灌输的境况之时，这一刻，人开始萌生自我意识，决定"我再也不能这么活"，开始主动地走出被规定的世界。所以，真正的教育是每一个人的第二次出生，是通过自己的反思开始与日常世界保持距离，让自己有意识地和世界重新建立关系。在自己重估一切价值之后，我们表面上可能仍旧选择做烘焙师、健身教练、酒保，也可能转行做基金经理、公务员、科研工作者或者码农，但是这时的选择已经是你的自主选择。在不违背法律的前提下，哪怕有一天你觉得世界抛弃了你，你仍可以心安理得地做着自己选择的事业。在人生长短不一的时光中，每个人都会想尽办法走出洞穴，尽早地以自己的方式和世界相处。

说了这么多，仍然有一个最重要的问题没有回答：无论教育是让灵魂转向的艺术，还是带给人第二次生命的"接生婆"，如何才能让灵魂转向并将"自己"催生出来呢？答案是理性的反思，也就是哲学的思考方式。正是在这个意义上，我们可以说教育是哲学的议题，哲学思考就是教育最内在的要求。那么，接下来的问题就变成了如何进行哲学思考，以及如何用哲学式的头脑来理解这个"自己"以及我们生活的世界。这个问题需要用整本书来作答，我们可以先就围绕哲学的一些争论简要进行一些讨论。

当将教育和哲学思考联系到一起的时候，会出现一个非常自然且常见的论调，那就是"哲学无用"。对比技术工作者和行业专家，哲学家给人留下的印象就是没什么太大的作为。比如西方哲学史上最伟大的一个哲学家苏格拉底（Socrates），他就有一句名言："我只知道我一无所知。"但就是这个自称"一无所知"的苏格拉底，却要对人和世界的重大问题进行探究和讨论，并且还被认为是最有智慧的人。哲学并没有直接而具体的功用，但却是最有用的，因为哲学思考永远在质询和反思人们那些最习以为常的信念。

科学可能会回答某些具体的问题，比如苹果为什么会掉落到地上，原子是由什么构成的，等等。但是，哲学思考并不会提供一劳永逸的答案，而是盯着一些最根本的问题追问，比如什么是空间？什么是道德和正义？虽然历史上的哲学家已经对这些问题进行了诸多回答，但这些回答都不能让后人停止思考这些问题的脚步，反而会进一步激发人们利用自己的理性进一步思考：哪些才是根本性的问题？如何坚守这些问题？如何利用前人丰富的哲学传统，保持对这些问题继续追问的能力？

举个例子，当被问到"时间"的时候，我们首先会看看表或手机，说当下是几时几分，而在两百年前，中国人可能用天干地支计时法说出某个具体的时辰，但这都不是"时间"本身。如何思考"时间"本身呢？我们不能胡思乱想，而是需要借助已有的思索与回答，比如奥古斯丁（Aurelius Augustinus）在其名著《忏悔录》中记下了两段非常著名的思考经历：

> 时间究竟是什么？没有人问我，我倒清楚，有人问我，我想说明，却茫然不解了。但我敢自信地说，我知道如果没有过去的事物，则没有过去的时间；没有来到的事物，也没有将来的时间；并且如果什么也不存在，则也没有现在的时间。
>
> 既然过去已经不在，将来尚未来到，则过去和将

来这两个时间怎样存在呢？现在如果永久是现在，便没有时间，而是永恒。现在的所以成为时间，由于走向过去；那么我们怎能说现在存在呢？现在所以在的原因是即将不在；因此，除非时间走向不存在，否则我们便不能正确地说时间不存在。[1]

在奥古斯丁看来，时间是心灵的延展，过去的事物实际上是现在的记忆，未来的事物实际上是现在的期待，而现在则是对现在的注意，这三者都存在于心灵之中。奥古斯丁的这一回答不会是关于时间的最终答案，但在我看来，他却向我们展示了一种典范性的哲学思考方式：真正的教育本质上是自我教育，是自己和这个世界一同回到原点，并摒弃对既有知识的盲目相信，甚至要首先将自我和自身与世界疏离开，开始感受到困惑，并从困惑中努力往洞穴外艰难地爬升。

延伸阅读

[古希腊]柏拉图：《理想国》，顾寿观译，吴天岳校注，

---

[1] [古罗马]奥古斯丁：《忏悔录》(11.4)，周士良译，商务印书馆2011年版。

岳麓书社2010年版。

[德]卡尔·雅斯贝尔斯:《什么是教育》,童可依译,生活·读书·新知三联书店2021年版。

[法]亨利-伊雷内·马鲁:《古典教育史》,龚觅、孟玉秋译,华东师范大学出版社2017年版。

02
哲学之始：熟悉世界的陌生化

02　哲学之始：熟悉世界的陌生化

引　子

　　无论你是否学习过哲学，大概总听说过古希腊哲学家苏格拉底的一句话："我只知道我一无所知。"苏格拉底通常被视为哲学家精神的化身，也就是最具哲学家精神的人，但是他的这句名言和我们对哲学家的期待却相去甚远。因为提到哲学家，我们总会预设他们很有智慧，能够为我们解答关于世界和人生的问题，但是最有名的哲学家却以宣称"无知"为荣。那么，如果苏格拉底一无所知，我们为什么还要听他说话呢？在今天，如果有人问你一件事，你回复说"对这件事，我一无所知啊"，那么这个回答一方面表明自己不知道，另一方面可能表明别来烦我——自知无知可以成为你和世界的一个屏障。但是苏格拉底却恰恰相反，他虽然自知无知，但又特别主动地和人聊天、讨论，积极地用自己的"无知"搅乱身边的世界。

那么苏格拉底究竟想干什么?他的这句名言到底又是什么意思呢?

苏格拉底:我只知道我一无所知

苏格拉底生活在公元前5世纪,是当时雅典城内一位富有声名而又有很大争议的公众人物。他一生不立文字,但他的学生柏拉图写作的所有对话几乎都以他为主角。我们从柏拉图的作品中可以知道,苏格拉底是一位热衷于和青年人讨论抽象道德问题的长者,并且总是在质疑大家所秉持的流俗观点。

我们可以选取苏格拉底和人讨论正义的对话作为示例。在《理想国》这部谈话录的开篇,苏格拉底被拉到一位军火商的家中,讨论了一宿有关"正义"的问题。[1]苏格拉底先是问这个名为克法洛斯的军火商:"什么是正义呢?"克法洛斯这位老者回答说:"正义就是说真话以及归还所欠。一个人如果借了别人的东西,用完之后将之归还,那自然是正义。"但是苏格拉底的进一步质询就很有意思了,他追问说:"如果一个人在清醒的时候从朋友那里借了武器,后来这个朋友疯了,是否应当将武器

---

1 [古希腊]柏拉图:《理想国》327a—328d。

还给朋友呢？"因为朋友疯了，所以拿到武器后很可能会做出伤害自己的事情，这个时候归还所欠就不能算是正确和正义的了。克法洛斯听到这里赶紧就说自己要给神献祭去了，不能再聊了，就让自己的儿子继续和苏格拉底对话。

克法洛斯的儿子波勒马霍斯接替父亲，说正义就是助友损敌。助友损敌是古希腊最为正统的价值伦理观，帮助朋友伤害敌人自然也是美德。苏格拉底对这一观点的辩驳稍微复杂一些，他先是让波勒马霍斯承认，我们的朋友肯定是好人，而敌人肯定是坏人，所以助友损敌就是对善良的好人行善，对邪恶的坏人行恶。紧接着下一步，苏格拉底证明行善就是将人变好，而伤害别人就是让人变得更坏。但是一个人如果是正义的，只有正义和善德，他如何能够有能力伤害别人呢？这个结论听起来非常反直觉，但如果换个说法可能就好理解了。在《西游记》中，唐僧和三个徒弟一路向西，取经路上历经重重磨难，但除妖降魔都是徒弟们的工作。在徒弟们打死妖魔之后，唐僧还要念一句"阿弥陀佛"。唐僧这位纯善之人做过的对别人伤害最大的事情就是念紧箍咒了。苏格拉底讲的道理是说，一个真正正义的人是不可能有伤害别人的能力的。苏格拉底后来还有其他长篇讨论，这里不赘述。通过苏格拉底对克法洛斯和波勒马霍斯父子俩观点的辩驳，我们可以看出苏格拉底是承接着对方的观点，也就是承接着当时人们普遍持有的观点进行追问，然后试图获得一种关于"正义"的稳定的普适定义，这种定义能够经受得住任何特例的挑战。一旦苏格拉底找出了不适用的情形，或者逻辑上的破绽，对话者便开始处于迷惑之中，怀疑自己之前所秉持的信念了。

你可以设想一下这个场景：你本来念了不少书，也经历了不少事，觉得自己对人生、对社会都有自己的独立见解。这时，突然有一个人跑到你跟前，先是佯装请教你问题，比如，"什么是正义？""什么是美？"结果你们讨论一会儿之后，他就把你绕晕，让你自己承认，你其实并不知道什么是真正的正义和美，你原先所持有的对正义和美的看法都是站不住脚的。然后在确认了你是无知的以后，他就会说一句："对于这个问题看来我们还不清楚呢。"这就是苏格拉底当时在雅典城的所作所为。在正常人看来，苏格拉底实在是太讨厌了，用时下流行的话说就是"伤害性不高，但侮辱性极强"。

公元前399年，70岁高龄的苏格拉底被城邦控诉，罪名有三项：不信城邦的神、败坏青年和引入新神。[1]最后经过审判，他被城邦的陪审法庭判处了死刑。在审判法庭上，苏格拉底慷慨陈词，告诉陪审员，对自己的这些指控都是毫无道理的，自己非但不是不虔敬，反而恰恰是穷其一生都在侍奉神，只不过他

---

1 ［古希腊］柏拉图：《苏格拉底的申辩》，吴飞译，华夏出版社2007年版。

的侍奉方式和一般人不同。苏格拉底的方式是做城邦里的一只牛虻,不断地和城邦里的同胞说:"你们其实是无知的。"

苏格拉底之所以会有这样一个"讨人嫌"的形象,还要从他领到的一则神谕说起。当时希腊世界最重要的祈求神谕的神庙是位于德尔菲的阿波罗神庙,这个神庙的女祭司曾经说:"没有人比苏格拉底更有智慧。"苏格拉底听到这则神谕后非常疑惑,因为他并不觉得自己很有智慧,甚至认为自己是无知的,而城邦里明明有很多好像很有智慧的人。为了检验这则神谕的真实性,他就去找那些通常被认为有智慧的人,比如政治家、诗人、能工巧匠等,结果苏格拉底发现自己能够将这些人一一驳倒。于是,他成功地证明了这些人并不是真的有智慧。

不仅如此,苏格拉底虽然认为自己是无知的,但是与那些自以为有智慧的人相比,他至少知道自己无知,而其他人并不知道自己无知,所以苏格拉底就在这一点上胜过了其他人,自然是最有智慧的人。直到这个时候,苏格拉底才意识到神谕说的是真的。但苏格拉底并没有停下脚步,他认为神把他说成是最有智慧的人,实际上是给他安排一项特殊的使命,就是让他去考查别人,要让人们都意识到自己的无知。所以,苏格拉底的"无知之知"并不是简单的语言游戏,而是有着三重含义。

第一重含义是无知，即人们所自以为知道的实际上都并不是真知。在苏格拉底生活的年代，雅典是希腊世界中数一数二的城邦，在打完希波战争后为自己打造了一个雅典帝国，享受着盟邦进贡的无数财富。我们今天仍能看到的雅典卫城中的帕特农神庙等建筑都是那时候建造的。当时的雅典人也大都在追求名声、荣誉和金钱，认为只有拥有了这些，才算是好生活。所以，苏格拉底在当时的雅典表现得很另类，每天打着赤脚，啃个面饼就知足了，天天以和人对话为主业。苏格拉底首先就是要告诉大家，追求权力和财富并不是美好生活，这些不过是在满足人的低级欲望。

无知之知的第二重含义是知道自己无知。既然人不应该只关心锦衣玉食，还应该关心智慧和更好的生活，那么就得有能力质疑已有的信念。大多数人在成长过程中，都在潜意识里接受了一些既定的价值观。但是在遇见苏格拉底之后，苏格拉底告诉你"未经省察的人生是不值得过的"，你便开始反思自己的价值观，突然发现自己之前秉持的信念是有问题的。你开始意识到，自己在人生最重要的问题上——什么是智慧和更好的生活——实际上处于无知的状态。

无知之知的第三重含义是在知道自己无知后，你要有所行动。你不能变成"佛系青年"，精神颓废，只想过"躺平"的生活，而是要能再往前一步，在不断地质询与省察中，将"无

02 哲学之始：熟悉世界的陌生化

知之知"作为追求智慧的动力，让自己走上哲学思考的道路，尽可能将自己变成更好的和更有智慧的人。

苏格拉底在法庭上再次把这番道理讲给雅典人听，他实际上是把自己的申辩变成了最后一次说服和警醒雅典人。苏格拉底在法庭上的这种表现尤为怪异，因为在当时的雅典法庭上，要想免罪或者赢得案子，当事人最常用的手段就是取悦陪审员，说他们爱听的话，甚至还有人为陪审员表演才艺，把自己的妻儿带来进行哭哭啼啼的表演以换取同情等。而苏格拉底却利用最后一次机会刺痛雅典民众，提醒他们要关心自己的灵魂。在几十年里，雅典人都没有被苏格拉底说服，自然也不会在听到最后这段话后便改变心智。结果可想而知，苏格拉底还是被判处死刑。从容赴死的苏格拉底也为后世树立了哲学家形象的典范。

哲学思考是每个人的生活方式

苏格拉底终其一生都在努力让雅典人开始省察自己的生活方式，虽然最终没有成功，但却留下了一个问题：哲学思考究竟是哲学家的特权，还是可以成为所有人的生活方式？

沿着西方哲学史的发展脉络，我们会看到从泰勒斯（Thales

of Miletus）[1]到德里达（Derrida）[2]等一长串哲学家的名字，他们留下了关于人和世界的一些根本性问题的思考，他们每个人都使用了自己的概念，用佶屈聱牙的方式阐述着自己对世界的看法。那么，哲学思考是否只是哲学家的特权呢？答案是否定的。

苏格拉底的例子告诉我们，哲学是对已有信念的反思，所以我们只要有理性能力，就能够进行哲学思考。反思自身、他者、世界、经验、时间等习以为常的概念，并睁开理性之眼来对潜移默化的规则和习惯提出疑问。古希腊大哲学家亚里士多德（Aristotle）曾说过"人是理性的动物"，这句话就是在说人本质上是应该过哲学生活的。

首先，"人是理性的动物"预设了理性是人人所共有的[3]。讲到这里，有人可能会提出异议，比如星座党经常会说水象星座的人更感性，土象星座的人更理性；或者说人在很多情况下就是情感驱动的，经常做出一些无法用理性解释的举动。这些讲法有其合理性，但并不能否认人具有理性能力的基本事实。情感驱动或热情似火的人也是能够讲道理的。只要足够坦诚，不同性格的人就能够通过理性沟通，就某些共同议题达成共识。

---

1 泰勒斯，古希腊首位哲学家，爱奥尼亚学派创始人。
2 德里达，法国哲学家。
3 亚里士多德认为有些人并不具备完满的理性能力或没有理性能力，如奴隶等，但对人的现代理解已经不再认为人有自然差别。

其次,"人是理性的动物"强调了理性是对人的基本规定性。人拥有了生命就拥有了理性,所以理性是对人之为人的描述,而哲学思考就是人的存在之维。理性并不是人从哪里看来或者听来的东西,而是一种批判性思维,能够通过反思整理自己的经验,使之更具有普遍性和客观性。比如说,当我们看到一朵漂亮的花时,会说这朵花很美;同样地,当我们看到一幅令人赏心悦目的画时,也会说这幅画好美。面对来自花和画的感官刺激,我们都会用"美"来形容,这时候我们进一步想:为什么它们都是"美"的?"美"又是什么?一旦发出这样的追问,你就已经走上了哲学思考的道路。这种理性反思能力是人所独有的,或者说在人身上体现得最为明显,是最人性的,绝大多数动植物并不具备这种能力。

最后,"人是理性的动物"要求我们要带着理性上路,因为理性唯一的要求就是让我们去使用它。柏拉图和亚里士多德都说过一句名言——"哲学始于惊讶"。[1]就是说哲学思考始于人的好奇心和求知欲,我们每个人既然都拥有理性思考能力,就要对自己和周遭的世界,以及所有习以为常的事情与观点保持新鲜感与好奇心。

---

1 [古希腊]柏拉图:《泰阿泰德》,詹文杰译,商务印书馆2015年版。

熟悉世界的陌生化

讨论了无知之知与人所具有的理性能力，最后的问题便是如何运用理性来进行哲学反思，以及这种批判性思维会不会导致彻底的怀疑主义，即认为世界上根本没有确定的东西，进而无须追求真实的知识。

如果要归纳和总结哲学思考的方法，可以用一句话来概括，那就是熟悉世界的陌生化。苏格拉底并非直接从"无知"开始讨论问题，而是在已有认知的基础上开展工作。哲学思考首先是要反思：自己关于既有世界的知识是怎样的？这些知识或信念是如何一步步建立起来的？人们又是如何获知这些知识的？既有的知识是不是真实的，以及是否能够进一步推进我们对世界的理解？理性的反思能力是要检验已有的知识和信念，将经过检验的正确部分作为基础，继续向更广阔的知识领域迈进，而非简单地推翻所有的知识。

在将熟悉的世界陌生化的过程中，有一些问题是更为基础性的，决定着我们对自己和周遭世界的基础性认知，所以这些问题需要首先被关注。

第一类问题是关于"我"的，我们在日常话语体系中总是以"我"为主语，但什么是"我"呢？"自我"真的存在吗？"我"究竟是身体还是心灵，抑或只不过是社会性关系的映像？在一生之中,"我"在各方面都发生了很多变化,那么"我"如何又是同一个我？面对这一连串的提问,"自我"无疑就成了一个棘手问题。

第二类问题是关于"世界"的。我们都生活在一个"世界"之中,但"世界"是什么呢？"世界"是怎么来的,以及"世界"是由什么构成的呢？这是哲学最初的本原问题,最早的哲学家泰勒斯的名言就是"一切都是由水构成的"。今天人们会觉得泰勒斯的说法站不住脚,但是泰勒斯实际上是最早完成将熟悉的世界陌生化的人。他不再借助神话故事来讲述世界的构成,而是采用客观化的物质来理解世界。最为重要的是,泰勒斯区分了表象和实存。泰勒斯生活的米利都虽然临海,但很显然这里也有陆地和天空,他说"一切都是由水构成的"是将表象与世界的本原做了区分,表象是可以通过感官获得的,而本原则只能通过理性来获知。泰勒斯给出的答案是可以继续讨论的,但是他所提供的这种思维方式却是任何知识推进的前提范式。在这样一个世界中,还需要进一步"陌生化"的是我们对世界的认识。我们是否有可能认识这个世界呢？我们所认识的究竟是世界向我们显现出来的样子,还是世界的本来面目？我们所秉持的知识的来源是经验,还是理性推理？我们如何保证我们的知识不是在柏拉图的洞穴中获取的呢？这些提问,都会让我们熟悉的世界顿时陌生起来。

第三类问题是关于价值和群体生活的。每个人从小都会被教导做个好人，但什么是好人？什么是善和恶呢？划分善恶的标准又出自什么原则？价值判断的原则究竟是主观的还是客观的呢？比如，千百年来，中西方的传统社会都贬抑商人，认为商业具有腐化和败坏的力量。中国自古有士农工商的排序，古希腊人则力主把商人排除在公民群体之外。但是到了现代社会，商业构成了社会的基本框架，人们又发掘出商业社会的诸多美德，那究竟该如何看待商业的价值呢？再谈到个人与群体，从最小的联合到大规模的共同生活，从爱情到友情再到社会和国家，这些日常伦理和政治生活的基础究竟是什么呢？在爱情和友情中，我们爱的究竟是对方还是自己的倒影？不同国家和社会有不同的道德规范和制度，那是不是道德评判标准就完全是相对的，没有高低之分呢？是否存在最好的政治制度以及普遍的人性标准呢？从苏格拉底就开始讨论的人伦秩序的基本问题，我们今天仍然要面对和思考，并给出当下的回应。

第四类问题是关于死亡及其意义的。生命的到来毫无缘由，死亡的降临同样不可预测。每个人都知道有死亡这回事，新闻媒体的报道、亲人朋友的离去。然而个体的死亡本身是绝对陌生的，因为虽然每个人都会死亡，但却无法感受死亡。死亡对每个人来说都是一个绝对的深渊，无法被人真正认知但却等待着每个孤独的灵魂前去。因为存在确定性的死亡，所以人才开始构建生命的意义；如果没有死亡，生命也便失去了意义感。死亡让人真正成为有自觉意识的人，未知死，但须知生。死亡这一事件是哲学思考的集中体现，苏格拉底说哲学就是练习死亡，死亡虽然无法思考但却强行激发人思考。正如哲学思考一样，不是为了寻找确定性答案，不是为了走出怀疑，而是要走进怀疑的世界，用理性为自己蹚出一条路。

在了解了这四类问题后，我们便能更好地回答彻底的怀疑主义了。我们是否对自我、世界、社会与国家、死亡完全无法获得真实的知识呢？人类的理性能力是否在根本上就存在缺陷，无法承担起探求真理的重任呢？对于彻底的怀疑主义者来说，答案恐怕是肯定的。设想在柏拉图的洞穴中有一个神一般的设计者，能够在矮墙上把木偶的影像和声音永远按一套自洽的方式组合起来，让被绑缚的人们相信自己构建起来的意义世界。但彻底的怀疑主义并不能让探知的努力化为乌有，怀疑主义也是一种重要的哲学立场，它可以提醒人们进行哲学思考时注意问题和思维的边界，比如人对是否存在神、宇宙起源是什么等议题可能永远无法有正确的答案，或者说这些议题超出了人的思维能力，但即便是洞穴墙壁上的影子，它也毕竟是木偶的映像，还是有其不多的真实性存在，人仍然可以利用自己的能力来确立人类知识的合法性，这既是人类的基本境况也是使命。在本书后面的内容中，我们将逐一讨论上述四类问题，展示人类在有限性中所做的无限努力。

延伸阅读

　　［古希腊］柏拉图：《苏格拉底的申辩》，吴飞译，华夏出版社2007年版。

　　［西班牙］费尔南多·萨瓦特尔：《哲学的邀请》，林经纬译，北京大学出版社2007年版。

　　张祥龙：《中西印哲学导论》，北京大学出版社2022年版。

03
认识自我：我思故我在？

03 认识自我：我思故我在？

引 子

自从来到这个世界上，我们日常使用最多的一个字可能就是"我"了。那么，"我"究竟是谁（who）？或者更为极端的提问方式是："我"是什么（what）？古希腊德尔菲神庙上镌刻的那句箴言"认识你自己"说起来容易，但真要做起来，却并不简单。一旦开始对自我进行提问，奥古斯丁的那句名言便又出现在我脑海里："我成为我的一个大问题。"[1]

前不久，一个朋友说能帮我解答关于自我的大问题，他非常热情地向我推荐基因检测。据他说，只需要一点儿唾液，就能得到对自己非常客观的认识。我非常好奇地问道，基因检测能知道自己的哪些内容呢？朋友拿出他的检测报告，向我列举

---

1 ［古罗马］奥古斯丁：《忏悔录》（4.4.9；10.33.50），周士良译，商务印书馆2011年版。

起基因检测显示的祖源认定结果，说自己有一部分属于北方蒙古血统，一部分属于南方少数民族血统；还有自己可能患有的各种疾病风险，比如患帕金森和阿尔茨海默病的概率等；还有心理健康指数，比如是否有强迫症或者容易得抑郁症；甚至还能知道是否爱吸烟和依赖酒精；等等。我看了之后叹为观止，感觉付出2毫升唾液，就能得到一份完备的"自我"说明书。

在激动之余，我突然转念一想，这似乎有问题。通过基因检测怎么能知道一个人是蒙古族人或某民族人呢？因为民族很大程度上是文化和历史建构的产物，并不纯粹与基因有关，世界上也不存在完全生物学意义上的某个标准民族或种族。所以我推测，这种祖源认定结果只不过是拿着检测人的基因和人为划定的某些基因库做对照而已，检测结果主要还是依赖基因库存储的有限基因数据。事实上，在祖源问题上，这种基因检测首先就遇到了文化和自然二分带来的挑战。我接着又想，基因和身体的关系以及基因和性格的关系又是怎样的呢？目前的医学也只是在极少数病症的诊断与治疗上发现了基因与疾病的关系，比如与BRCA1和BRCA2基因伴随的乳腺癌高发病率。但即便是疾病风险检测，也只是像大数据匹配一样，得出的结论只是患某种病的风险高低，而并不能直接得出严格的因果关系。这样看来，人自然和自己的基因有关系，但似乎又不完全是由基因决定的。当然，人类对基因的认识还有很大的空间和潜力，或许有一天能够将基因完全解码。但哪怕到了那一天，人们仍然会问出这样的问题："我是谁？""我是什么？"

自我：社会存在、身体与灵魂

当别人问你"你是谁"的时候，你可能首先会说自己的名字，然后说自己的职业和工作单位，或者是出生地或居住地，再具体一些，还会介绍自己的爱好和经历等。这些回答实际上都是社会化的回答，你在聚集自己身上附加的社会性关系信息来给自己做出定义，所以这些回答从根本上来说，是你用社会的眼光对自己的审视。甚至连名字，这个最私人化的指称也已经是高度社会化的，比如很多20世纪50年代出生的人都叫"建国"。"自我"的社会化描述一方面能让他人认识你，但另一方面却不能真正替你回答"我是谁"这个问题。设想一下，除去所有的社会属性，当你孤独自处的时候，你该如何面对"我是谁？"以及"我是什么？"的灵魂考问呢？

一种替代性的回答就是从社会性的指称退回到身体的指称，即我就是我的身体。身体由毛发、指甲、牙齿、血液、皮肤、器官、骨骼以及基因等一系列要素构成。相比起我们每个人的名字，身体无疑更加属于我们自己，在精子和卵子结合的那一刻，组成我们身体的细胞便开始生成，而在降生之后，我们还会经历一个比较长的生长周期。并且，人之所以能够有自我意识，很重要的原因是我们通过身体的感官能够感知到一个自我之外的世界。如果没有和与自我相对的外部世界进行对照，或者实现"物我合一"的神秘境界，我们并不会知道有自我存在。

但问题是，把"我"等同于身体也会带来一些困扰，比如，如果某一天我身体的一部分消失了，那我还是我吗？如果只是把属于身体的指甲剪掉或者把头发剪短，我们并不会对自己产生怀疑，甚至我们的身体因为不幸或疾病缺失了肢体或者摘除了胆囊，我们也仍然会认为我还是我。但如果因为心脏有问题而做了心脏置换手术，在我的身体里跳动的是别人的心脏，这时我还是我吗？或者更加极端一些，如果有一天医学发展到可以置换大脑，那么大脑被置换后，我还是我吗？这时候，我们可能就不会那么肯定了。

除了整体和部分的关系外，用身体理解"自我"还有一个线性时间变化的问题。人从受精卵发育成胚胎，再成长为一个身体，最后寿终正寝，会经历一个漫长的周期，在不同时段身体的形态或表征并不一样。如何判定一个受精卵、一个20岁活力充沛的身体和一个100岁躺在床上的身体是同一个身体、同一个"我"呢？"我"到底能够承受多少变化呢？

03 认识自我：我思故我在？

对于"我是谁？"这个问题，社会性的回答是不充分的，而身体的回答是不稳定的，那么稳定的、能够保证自我同一性的答案是什么呢？在古希腊有一种明确的本质主义的回答："我"在最根本的意义上是灵魂。古代哲学家把身体和灵魂视为自我的两个构成要件，并且将灵魂视为身体的形式（form）。这里所说的形式不是外形，而是使生命成其为生命的事物。

柏拉图认为自我是由灵魂和身体结合在一起构成的，更确切地说，灵魂是被囚禁在身体之中的。在柏拉图看来，因为有身体的存在，我们才有七情六欲，灵魂中也因此才有爱、口渴、饥饿等欲望。但灵魂并不仅有非理性的、欲望的部分，还有理性的部分。比如说，如果你知道面前摆着一杯毒酒，哪怕口渴难忍，你也不会去喝，这就是灵魂中理性的部分在阻止欲望的部分。除了欲望和理性，柏拉图分析说灵魂中还有一个部分，叫作"意气"。当我们违背理性原则，被欲望控制时，"意气"就会狠狠地数落和责备自己，并且对欲望表示激愤。所以，一个合理的灵魂秩序应该是由意气辅佐理性来统御欲望，灵魂中实现了这个秩序的时候，灵魂内部就不会发生冲突。灵魂三部分之间和谐友爱，秩序井然，人的自我认同便完成了。所以，在柏拉图看来，由理性统辖的灵魂秩序是自我同一性的重要标准。一旦丧失了理性，这个人便不是同一个人了。不仅如此，柏拉图还认为，身体所有的好也是为了获得灵魂的善，

039

而灵魂中最高尚的就是理性所朝向的智慧；灵魂中最真实的自然是纯粹的理性，不会是由彼此冲突的各部分构成。现实世界中，人之所以无法完全达到纯粹的理性，是因为身体是有朽的和有缺陷的。灵魂因为要和身体结合才要面对身体的欲望，而摆脱身体羁绊的灵魂则是不朽的。正是基于这种灵魂观和自我观，才有苏格拉底的欣然赴死。柏拉图在他的《斐多篇》中记述了苏格拉底生命最后的时刻，被判死刑的苏格拉底在和同伴们讨论完灵魂不朽之后，平静地喝下毒芹汁，并跟自己身边的学生们说："我还欠医药神阿斯克勒庇俄斯一只公鸡。"[1] 在古希腊，当一个人从病中痊愈后，就会向医药神奉献某种动物作为牺牲，以表感谢。苏格拉底最后的这句话是在说，自己即将摆脱身体的羁绊，灵魂马上得以恢复纯粹性，所以要感谢医药神。

总结一下柏拉图的方案，那就是灵魂是自我的本质，而理性又是灵魂的统领性部门，一旦失去了理性能力，人就不过是行尸走肉，根本谈不上自我。柏拉图的方案很大程度上解决了对人的理解，但是这一方案所留下的新的问题，被笛卡尔（Rene Descartes）敏锐地抓住了。

---

[1] [古希腊]柏拉图：《斐多篇》118a，中译本参见王太庆：《柏拉图对话集》，商务印书馆2004年版，第287页。

03 认识自我：我思故我在？

自我：思维与意识

自我的古典解答方案仍有一些问题需要进一步回答，近代哲学的重要开创者笛卡尔对古代方案进行了进一步追问。[1]他很关心自我的问题，但是他不是简单地问"我是谁？"，而是问"我是什么？"。笛卡尔说，毫无疑问，他首先想到"我是一个人"，可人又是什么呢？我们在上一章中提到过，亚里士多德这位古希腊哲学家说，人是理性的动物。但是笛卡尔对这个回答并不满意，因为要理解理性动物还必须进一步追问，什么是动物，什么是有理性的。这样一来，就从一个问题陷入无穷无尽的其他更困难的问题。另外一种传统回答是身体和灵魂，身体是由骨头和肉体组合成的一套机器，而驱使身体进行吃饭、走路、感觉、思维的都归到灵魂上去。但是灵魂又是什么呢？笛卡尔说，他自己曾经想象灵魂是极其稀薄而精细的事物，好像一阵风、一股火焰，或者一股非常稀薄的气。

这些都是关于灵魂的一些惯常理解，但是具体来说，吃饭、走路是要依靠身体的，如果没有身体，就无法进行这些活动。没有身体也很难有感觉，除非是在梦里感觉到很多事物，但醒

---

[1] ［法］笛卡尔：《第一哲学沉思集》，庞景仁译，商务印书馆1986年版。

来之后会意识到其实并没有感觉。唯一能确定的就是思维了，因为只有思维是"我"的属性，与"我"须臾不可分离。笛卡尔经过沉思发现，"我"只是一个在思维的事物，只要在进行思维活动，那么我就存在着，这就是"我思故我在"（Cogito, ergo sum）。所以，"我"不是肢体组装起来的机器，也不是稀薄的气或火，或是别的虚构的事物。那什么是一个在思维的事物呢？这就是一个在怀疑、在领会、在肯定、在否定、在愿意、在想象、在感觉的事物。"我思故我在"解决了"我存在"这个重要问题，因为我们能感知到的可能都是幻觉。比如你正在阅读这本书，但其实这可能是个梦境，因为你可能经常梦到自己读书，这个场景不过是又一次的梦境而已。那如果这都是梦境的话，什么是确定无疑的东西呢？只有这个正在怀疑的"我"是真实的，因为"我在怀疑"这一点是毋庸置疑的。

笛卡尔为"我"确凿无疑的存在提供保障，但还有一个问题亟待解决。虽然"我思故我在"，但是"我"的自我同一性应该如何理解呢？因为当我们在说"我"的时候，不仅需要确定"我"是存在的，还会认为"我"是同一个"我"。为了回答这个问题，17世纪的英国大哲学家约翰·洛克（John Lock）提出了自己的想法。[1]洛克同意人是思想着的、有智慧的存在，

---

1 ［英］约翰·洛克：《人类理解论（上册）》，关文运译，商务印书馆2011年版。

人有理性能力，能够反思，更重要的是人能把自己看作是同一个能思考的事物。人之所以能做到这一点，要归功于意识，比方说我此刻在读书，那么我知道自己在读书，这就是意识。因此，意识是和当下的感觉和知觉相伴随的，只有凭借意识，每个人才成为"自我"。那么，人是如何保持自身同一性的呢？那就是这个意识在回忆过去的行动和思想时，能够追忆到何种程度，个人的自我同一性就能达到多大的程度。所以，对于洛克来说，自我就是记得住过去的那部分心灵，记忆把自己保持为"一"。

洛克认为自我实际上是记忆，也就是说自我是记得住过去的心灵。虽然人的身体会发生变化，但只要具有意识，就能成为自我。而且这个意识在回忆过去的行动或思想时，能够追忆到何种程度，个人的同一性就能达到相应的程度。当然，需要补充说明的是，并不是所有的记忆都能归到自我同一性中，比如你记得住九九乘法表口诀，所有在中国上过小学的人大概都能记得住，也就是说这种事实类记忆是被所有人所共享的。而真正塑造自我同一性的是对经验的记忆，比如你运用"三三得九"的口诀在一次重要的游戏中闯关成功，这次闯关经历就构成你的唯一性经历，对这种经历的记忆就构成了你的同一个自我。

虽然洛克的方案对于理解自我有很大的帮助，但也会遇到一些麻烦。这些麻烦在一些影视作品中以喜剧的方式表现出来，比如近些年流行的有互换身体的桥段的电影，如《你的名字》《羞羞的铁拳》等，当意识和身体互换之后，自己还能说是自己吗？电影情节虽然是虚构和夸张的，但是所讨论的问题却是真实的，思维、意识以及其他的身体性要素似乎都在塑造着自我认同，也都与自我有关。

无我与待构建的自我

上述种种解答自我的方案实际上都已经预设了存在一个"自我"，所以从不同角度去找到这个稳定的自我就成了主要的任务。但与寻找稳定的自我相对，还有一些宗教与哲学走到了相反的方向。

比如苏格兰怀疑论哲学家休谟（David Hume）说，当他进入自己的内心深处去寻找"我"的时候，只找到了不同的知觉，如冷或热，光或阴影，爱或恨，痛苦或快乐。换言之，休谟在自我的深处只发现了意识的内容，而没有找到意识本身。每时每刻自我都是在感知，在休谟看来，一旦失去了感知，自我就很难说还存在。所以，对于休谟来说，自我就是某一时刻的一种感觉和思想，这也就否定了自我的恒常存在。比如休谟就认为，人在熟睡时就很难说存在一个"自我"。[1]

东方的一些宗教和哲学会更加激进，它们转而追求人与自然的合一，或者认为"我将无我"，试图将对自我的执着破除。印度教的经典《唱赞奥义书》认为"无梦我"（asvapne ātman）才是"自我"："当他在此熟睡、专注、清彻，不知有梦，这就是'自我'。"最高的"自我"是"最高我"（paramātman），是彻底摆脱肉身限制，达成最终解脱的主体。可以设想，如若一个佛教徒遇上笛卡尔，佛教徒会被质问如果没有自我，那么是谁在思考呢？佛教徒会说，是思想在思考，思想的背后并不存在一个思想者，所谓的"我"，甚至一个始终保持自我同一性的"自我"压根儿不存在。

在基督教哲学中，认识自我则与认识上帝关联在一起，比如提出"我成了我的一个大问题"的奥古斯丁，他发现仅就自己理解自己是无法做到的。人和上帝的关系非常复杂，一方面上帝是最高的，远超出人，对于人来说，上帝在根本上是不可理解的；另一方面，人由于分有上帝的形象，便也分有了不可理解性，并且还是没有确定本性的自我，真正的自我需要不断接近超自然的本性。在尘世和时间中生存的自我，在根本上是虚无的，人要找到自己，就必须回到超自然的上帝，努力和上

---

[1] ［英］休谟:《人类理解研究》，关文运译，商务印书馆1997年版。

帝结合在一起。

奥古斯丁取消了对自我的本质性理解，人的原罪一方面让人背离了神的形象，另一方面也给了人去实现更高自我的可能，只不过后者需要依靠上帝的恩典才能成功。如果将神的恩典取消，我们便迎来了现代人对自我的独特认知，这就是"有待构建的自我"。只不过，自我的朝圣之旅不再通向上帝。这是什么意思呢？自我并不是既定的，不是柏拉图所说的单纯的理性，也不是洛克所说的记忆，更不是休谟所说的感觉，而是永远有待确立的。这种自我并不排斥身体而偏爱灵魂，并不坠入彻底的怀疑主义，而是通过自己的生活经验与思考，努力为自己构建一个自我。但问题是，一旦失去了确定性的目标或者神圣性，人就失去了根基和标准。没有了上帝，或许人可以做任何事情，也可能什么都不可以做，因为连最根本的判断标准都不复存在了。

就此问题，像查尔斯·泰勒（Charles Taylor）这样的哲学家提出了一种应对方案，这就是自我的本真性（authenticity）。[1]本真性从根本上说是要忠于自己，甚至是要创造出一个真实的自我，并且在这一过程中，自我是通过与外界互动建立起来的。对于人来说，活着本身除了生理性的自我维系，还必将经历各

---

[1] ［加拿大］查尔斯·泰勒：《本真性的伦理》，程炼译，上海三联书店2012年版。

种际遇。虽然这些际遇对每个人来说都是切实的经验，但是对经验的理解和接受完全可以多样化。人通过不断做出选择，和周遭发生互动来不断塑造自我。换言之，自我就是我给自己所做的选择，是我想成为的那个自己。只要你还活着，这个构建过程就没有完结，所以自我永远不会真正地圆满。但是最值得欣慰的是，在这个构建过程中，所有的生活世界和经验都将向你敞开，自我构建的路上有无穷的可能性。这个不断向未来敞开的、永远对自己负责的自我，可能才是真正的自我。

延伸阅读

　　[古希腊]柏拉图:《柏拉图对话集》(裴洞篇)，王太庆译，商务印书馆 2004 年版。

　　[法]笛卡尔:《第一哲学沉思集》，庞景仁译，商务印书馆 1986 年版。

　　[美]侯世达、[美]丹尼尔·丹尼特编:《我是谁，或什么：一部心与自我的辩证奇想集》，舒文、马健译，上海三联书店 2020 年版。

04
发现"世界":事物本性与心灵观念

04 发现"世界":事物本性与心灵观念

引 子

经过上一章的讨论,自我成了"我"的一个大问题,但"成为问题"的不只有自我,还有这个世界。笛卡尔的"我思故我在"确保了一个思维着的"我"是存在的,但除此之外的事物是否存在则要打上一个大大的问号。我们生活在一个世界之中,在日常生活中和无穷多的事物打着交道,然而这些事物和整个世界究竟是怎么回事,它们真的存在吗?这问题初听上去很奇怪,但如果仔细琢磨一下,就会发现里面大有玄机。

比如,设想你眼前放着一个西瓜,你会怎么形容它呢?你可能会说:它外皮是绿色的,瓤是红色的;它圆圆的,表面很光滑,它很大,估摸着有十斤;它是新疆西瓜,吃着很甜;等等。通过这些描述,你会意识到,在日常生活中你是通过视觉、味觉、听觉、嗅觉等感觉来感知世界的。但对于不同的人来说，感觉并不见得都是一样的。如果一个人有视觉障碍，比如有红绿色盲，那么他可能会说这个西瓜瓤是浅黄色的。甚至同一个人，感觉也会出现偏差。比如你刚喝完一杯齁甜的奶茶，再咬一口西瓜，就会觉得原本很甜的同一个西瓜变得不太甜了。那么，问题就来了，究竟什么是西瓜呢？你通过各种感觉感知到的这个东西究竟是什么？如果这个西瓜去除了颜色、大小、味道、触感等性质，它还是西瓜吗？虽然一个西瓜就足以引发这么多问题，但这还不够，我们还可以让问题变得更加复杂一点儿。

有一次，一位朋友主动要请我吃饭，把我带到一个神秘的馆子，说这个饭馆有一道名菜"东坡肉"，吃了肯定会终生难忘。我无比期待地等着这道菜上桌，并在上菜后，第一时间夹了一块吃进肚子里，却觉得只是普通东坡肉的味道。这时候，朋友不怀好意地看着我说：好吃吧？这东坡肉是用菌菇和鸡蛋做的，这个馆子其实是个素菜馆。厨师的厉害之处就在于把素菜做得跟荤菜没有区别！面对着这盘"东坡肉"，我和朋友开始讨论一个哲学问题：当一个事物的色香味足以迷惑你的感官时，你还能做到通过感觉认知到事物本身吗？面对这样的西瓜和东坡肉，我们不得不对这个熟悉的世界产生深深的怀疑。

04 发现"世界"：事物本性与心灵观念

柏拉图的两个世界

对于事物和世界可以有不同的理解方式。比如，有一类哲学家就说，西瓜这个事物得这么看，西瓜肯定是有不同的性质，颜色、口感、大小、形状、触感等，但这些性质是可以变化的。比如除了又大又圆的红瓤西瓜，还有杯子大小的黄瓤西瓜。虽然它们颜色和形状差别很大，但并不妨碍它们都是西瓜。这说明，西瓜之所以为西瓜，肯定存在一个不变的东西，所有你能感受到的有关西瓜的性质，其实都是附着在这个不变的东西上面的。透过现象看本质，实际上是要透过各种性质，去看事物的本体。最早做出这种区分的大哲学家就是柏拉图了。

柏拉图具体是怎么分析这个问题的呢？柏拉图划分了两个世界：一个是你生活在其中的日常世界，是你通过各种感官认知看到、听到、触摸到的世界，这个世界里事物都在不停地变化、生成和毁灭；另一个是纯粹的理念世界，它是永恒的、不变的，并非由事物构成，但却更为真实。既然有两个世界，那么这两个世界的关系是怎样的呢？柏拉图的回答是，物质世界是对理念世界的模仿。

柏拉图在他著名的《理想国》一书里，用三张床的案例来说明他所说的两个世界和摹仿理论。[1]他说，在日常生活的世界里，存在着许许多多张床，但是你会把所有的床都称为床。这是因为不同的木匠在制作每一张具体的床的时候，都是照着床的理念来制作的，不过，没有任何一个木匠能够制作床的理念。在日常生活中，除了实物的床，你还会看到关于床的绘画，即画家照着一张具体的床的样子，在画布上画了一张床。这样一来，就有了三种床：第一种是床的理念，是最真实的存在；第二种是木匠制作的床，之所以他做的家具被称为"床"，是因为他模仿了床的理念来进行制作；第三种是画布上的床，是对具体的某一张床的模仿，是那张床的"像"。在这三种床里，毫无疑问，第三种床，即画家的床，是离床的本性最远的，是对模仿的模仿。从柏拉图的这种区分可以看出，他对艺术家的评价并不太高，认为他们的工作和真实隔了好几层。这一点我们可以留到后面讨论"美"的时候再说，让我们先回到柏拉图关于两个世界的学说。柏拉图认为，不光是具体的事物有理念，而且抽象的概念，比如美德，也有理念。

阅读柏拉图的作品，我们会发现他的很多对话都是在讨论和追问美德。比如：什么是勇敢？什么是虔敬？什么是

---

[1] 柏拉图：《理想国》597b—600e。

04 发现"世界"：事物本性与心灵观念

正义？以勇敢为例，当你看到一个政治家在国家危难之际挺身而出临危受命，你会认为他是勇敢的。此外，当你看到一个战士在战场上奋勇杀敌，你也会觉得他是勇敢的；但当你看到这个战士回家后，像对待敌人一样对待家人，动不动就拳脚相加，这时你就不会称这人是勇敢的，只会说他是粗鲁的。面对这么多勇敢的人和事，以及对类似的行为的相反评价，柏拉图认为肯定存在着勇敢的理念，这一理念使得现实中所有勇敢的行为都能够被准确判定。在《理想国》中，柏拉图说真正的勇敢是知道什么是应该畏惧的，以及什么是不该惧怕的。如果面对良好的法律和美德传统，你怀有畏惧之心，特别害怕触碰法律和道德底线，那柏拉图会说你是勇敢的；如果面对国家危亡，你毫不畏惧个人安危，那柏拉图也会说你是勇敢的。

在柏拉图看来，我们能够凭借自己的感官感觉到具体的事物，但这些事物并不够真，人需要用理性来把握感官对象背后的真实存在，那就是理念。我们非常熟悉的"通过现象看本质"这句话实质上可以追溯到柏拉图的这个理论，因为这句话首先预设了存在一个现象世界和一个本质世界，并且认为本质世界是更真实的。

真实的世界在你的心灵之中

对于西瓜和东坡肉的难题，除了柏拉图的方案，还有另外一种更为重视感觉的方案。如洛克就认为，肯定存在一个独立于我们心灵的外部世界，而我们的感受是由外部事物产生的。[1] 但是外部事物有两部分性质。物体的第一性质是那些在任何情况下都不可能与物体完全分离的，是事物根本的性质，比如广延（占据的空间）、运动或静止、数目等。用那个西瓜的例子来说，"一个""静止的""如此大小"都属于西瓜的第一性质。物体的第二性质则是人可以感觉到的一些性质，比如颜色、声音、味道等。洛克之所以称它们是第二性质，是因为这些性质不是事物本身所固有的，而是事物作用于人的感官时，人产生出某种颜色或味道的观念，由此西瓜才有了墨绿色、红瓤和甘甜的性质。人之所以能有这些认知，是因为我们的观念有一部分和事物的性质相似。

洛克的这一方案解决了外在世界以及感觉的问题，但是将性质区分为两种真的合理吗？事物的空间性质真的就比颜色和味道更为本质吗？事物的空间性质和数量不也是人感知的结果吗？甚至更进一步，我们真的可以单纯地感受事物的广延

---

[1] ［英］约翰·洛克:《人类理解论（下册）》，关文运译，商务印书馆2011年版。

04 发现"世界"：事物本性与心灵观念

吗？如果一个事物没有了颜色、声音和味道，它显然不可能只留有自身的广延。洛克的区分对于推进我们对事物的理解有所帮助，但又存在着诸多问题。沿着洛克的思路继续深入探究的话，接下来的问题就是，对于西瓜这一事物的第一性质和第二性质的认识是否都不过是感知呢？西瓜本身是否真实？西瓜是否能脱离人的认知而独立存在？这些问题通向了更为激进的唯心论哲学方案。

根据唯心论哲学的观点，事物存在的基础是心灵。这是什么意思呢？在唯心论者看来，你之所以能够知道事物是存在的，是因为事物对你的心灵产生了影响。比如三角形之所以存在，是因为你想到了它，它才存在；左小祖咒[1]的歌声之所以存在，是因为你听到他的歌唱，但如果你充耳不闻，那么歌声对你来说就并不存在。乔治·贝克莱（George Berkeley）[2]主教有句名言叫作"存在就是被感知"[3]。这种说法初听起来很怪诞，在中学课本里，贝克莱的这句话也被大加批判，但其实贝克莱另有深意。

你可能尝试质疑说，怎么能说存在就是被感知呢？坐在家

---

[1] 左小祖咒，1970年3月4日出生于中国江苏，内地独立音乐人、诗人、小说家、艺术家。
[2] 乔治·贝克莱，18世纪最著名的哲学家，近代经验主义的重要代表之一，开创主观唯心主义。
[3] ［英］乔治·贝克莱：《人类知识原理》，关文运译，商务印书馆2010年版。

中的你可以想象一些无人感知的东西，比如厨房里的冰箱此刻就并不被人感知。贝克莱对此会说，这恰恰是因为你的心灵中已经形成了冰箱的观念，当我们去想象外在事物的存在时，我们只不过一直在沉思自己的观念。此外，你还可能会提出，哪怕不被感知，也肯定有一个外在的物质世界。因为如果不是在你心灵之外有东西能够发光，光照到你眼睛里，并让你产生视觉，那么你就看不到这个世界，所以，光不需要人感知就存在。然而对这一质疑可以如此回答——你之所以能用这些感官证据来证明存在一个物质世界，是因为你已经在心灵中预设了外部世界的存在，因为你利用的证据本就是由感觉形成的。而哲学家真正怀疑的就是你这个预设，你实际上只不过是用自己的感觉印象去证明感觉印象是实实在在的，而这实际上是在循环论证。

回到我们开头举的西瓜的例子，面对一个西瓜，原本你可以假定存在一个西瓜的本体，在这本体之上附着了很多种性质，这个西瓜的本体是独立于你的感知而存在的。那么问题就来了，如果你并不能感知到这个本体，那么它还真的存在吗？如果你对它一无所知，你怎么知道它存在呢？此外，本体真的能离开你的感知存在吗？离开了你的感知，你怎么知道有个西瓜存在呢？

在这个关键的节点上，贝克莱选择了另一条道路。他并不

04 发现"世界"：事物本性与心灵观念

接受存在一个物质世界的说法，在他看来，物质事物并不存在。这个"世界"之所以是你认识的这个样子，是因为你的心灵把一大堆观念集合在一起，这才有了所谓的物理世界。通过视觉，你有了光和颜色的概念，感知到了它们不同程度的变化；通过触觉，你感知到了硬和软、热和冷、运动和阻力。嗅觉为你提供气味，味觉为你提供味道，而听觉则将不同的音调的声音传递给大脑。由于这些感觉是同时被你感知到的，所以，所有的这些感觉就被标记为一个名字，即被称为某个东西。例如，如果某种颜色、味道、气味、形状和一致性被同时观察到，那么它们就会被认为同属于一个东西，如用"西瓜"这个名词表示。同样，其他观念的集合构成了一块石头、一棵树、一本书，以及类似的可感事物；再进一步，由于它们令人愉快或不愉快，从而激发了爱、恨、喜、悲等情绪。综上所述，贝克莱的意思是说，当我们拥有了这些特定的感受模式，我们就会相信事物的存在。

贝克莱的经验主义虽略显极端，但却揭示出了一个重要的事实，那就是我们所能认识的事物只能基于经验。康德承接这一思路，划分了物自体与现象。物自体，也就是设定的那个事物本身，是不可认识的；我们所能认识到的实际上只是现象，这也是人的认识的来源。康德认为，我们之所以能认识现象，是因为我们有一个基本的认识框架，人可以用认识框架来得出现象世界的真理。关于康德的认识论可以留待后面再具体讨论，但是这一思路继续往前走就是以"回到实事本身"为口号的现象学，而"世界"就是现象学的真正实事。

重建对世界的信任

"现象"一直是哲学史上重要的概念，但现象学却和之前研究现象的流派有着根本的不同。在胡塞尔（Edmund Husserl）[1]之前，现象一直与本质或本体相对，是某种感性乃至表层的东西。现象学所理解的现象舍弃了传统的现象——本体二元区分，而是主张现象就是一切，现象背后没有理念、心灵或者上帝存在。现象就是事物自身如其所是地显现，而现象学就是要忠实地描述一切自身显现的东西，即要"回到实事本身"。[2]

在现象学看来，事物之所以能够直观地显现，就是因为意识的意向性成就。认识的最高目标就是明见性，即意识所意指的东西获得了充分的、活生生的自我显现。还是以西瓜的例子

---

[1] 胡塞尔，德国哲学家，20世纪现象学学派创始人，代表作品有《形式逻辑和先验逻辑》等。
[2] ［德］胡塞尔：《纯粹现象学通论：纯粹现象学和现象学哲学的观念》（第一卷），李幼蒸译，商务印书馆1992年版。

04 发现"世界"：事物本性与心灵观念

来说，我们看西瓜的活动就是意向行为，由此被感知到的东西（被看到的那个西瓜）就是所意指的东西。那这跟洛克或者贝克莱看到的西瓜有什么不同呢？现象学会认为，人不只是能直接感知到西瓜向自己显现的那一部分的曲面及颜色，而且能同时看到与西瓜连带着的其他方面，比如西瓜的背面、它的时空背景等，这使得人的意识能够感知和直观到的东西永远比这个西瓜的一个局部要多得多。胡塞尔提出的这种现象学直观方式不再需要依赖诸如理念或实体等前提，而实现了无前提性的事物自身显现。

当意识使西瓜自身显现的时候，西瓜的背景其实已经预先显现，或者和西瓜一起共同显现，这一背景从小及大，最后可以拓展为一个无限的领域，这就是作为意识的终极境域的世界。世界本身不是具体的存在者，而是一切可能的存在者的终极境域。我看到桌上的这个西瓜的时候，其实已经潜在地认为，这个西瓜是世界上的一个存在物。世界的存在以及对世界的信任几乎成了人的一种自然态度，人们不加反思地相信和默认了世界的存在，并且从古希腊哲学家开始，他们就直接探讨世界的本原是什么，而从来不质疑世界是否真的存在。真正开始质疑世界是否存在的是笛卡尔，经过笛卡尔的普遍怀疑，思维的自我被看作确定的存在物，而世界则被视为有广延的实体。在笛卡尔学说的基础上，胡塞尔则认为应该更加彻底地怀疑，要把关于世界存在的信念先搁置起来，不要直接将世界设定为实体。胡塞尔进一步提出世界本身也是意识所意指的东西，或者说是意识的构造物，所以自我的意向性才是唯一的主体。

海德格尔（Martin Heidegger）[1]则认为笛卡尔的普遍怀疑带来了严重后果，那就是把世界对象化了，最终导致世界的丧失。[2]一旦将世界对象化，世界就被科学和技术简化和扭曲，失去了完整性，成为受机械论和自然法则支配的物质世界。海德格尔认为，人原本就已经在世界中存在了，或者说原本就已经被抛入世界。所以，人在各种具体的活动中，其实从一开始就已经对世界熟悉和信任了，甚至先于其对具体事物的遭遇和认知。但是，这样的世界并不能被作为对象来认识，一旦把世界作为对象，我们对世界的亲近和信任就会受到威胁。

对于海德格尔来说，"世界"构成终极的意义整体。海德格尔提出一个新的概念——"周围世界"，它意味着人的生活世界。生活世界和人相关，是根据与人的关联建立起来的世界。在生活世界中，既有日月山川等自然物，也有人的实践对象、各

---

[1] 海德格尔，德国哲学家，20世纪存在主义的创始人和主要代表之一，代表作品有《存在与时间》。
[2] 海德格尔的论述参见海德格尔：《存在与时间》，陈嘉映、王庆节译，熊伟校，生活·读书·新知三联书店1987年版；海德格尔：《林中路》，孙周兴译，上海译文出版社1997年版。

04 发现"世界"：事物本性与心灵观念

种用具，当然还包括人，所有这些构成因缘整体，也就是人的生存场所。还是以西瓜举例，如果海德格尔看到西瓜，除了西瓜的形状、颜色，他还能够看到西瓜上沾的泥土，那是西瓜生长的大地；还有西瓜蒂的切口，那是人俯身将西瓜从瓜蔓上摘下的劳作；等等。

但是海德格尔的"世界"也带有幽暗的意味。人被抛入的这个世界是一个本己的世界，人在世界之中存在。人的此在和世界有共同的始源，不能把孤立的世界放在此在之前，也不能把孤立的此在放在世界之前，但这个本己的世界在根本上是一个有限的世界，因为人总有一死。死亡对于人来说是一种不可能的可能性，因为人永远无法真正领会死亡，但又终有一死。由此一来，人的这个本己世界无时无刻不面临着虚无和无意义，这个世界本质上是一个没有根据的世界。海德格尔试图用人在此世的生存和筹划重新理解"世界"，但最后似乎并没能真正拯救"世界"。

通过对上述种种方案的介绍，我们试图对事物和世界进行重新评估。原来我们生活于其中的物理世界其实并不必然是稳定的。在西方哲学传统里，人们试图通过区分现象与实在来设定两个世界，将现象背后的实在认为是更为真实的实存，更为重要的是，人们认为实在或本体才使现象得以产生。从古希腊开始，哲人们就试图给出一种关于世界的统一解释，并且是唯物论的解释。与唯物论相对，近代哲学另辟蹊径，认为万物存在的基础是心灵，人之所以能够知道外物的存在，是因为心灵经验。甚至更进一步，唯心论会认为只有心灵才是真实的，所有的外物和观念都依赖于人的心灵或上帝。最后，现象学则将世界的存在重新悬置起来，通过意识的意向性活动直观活生生的经验，试图重新建立起对世界的信任。这一工作必定是艰难的，但对于我们来说，这些方案都是审视我们的"世界观"的绝佳契机，可能有助于我们重新建立起和世界的联系。

延伸阅读

［英］乔治·贝克莱：《人类知识原理》，关文运译，商务印书馆2010年版。

［德］海德格尔：《存在与时间》，陈嘉映、王庆节译，熊伟校，生活·读书·新知三联书店1987年版。

张祥龙：《朝向事情本身：现象学导论七讲》，团结出版社2003年版。

05
获知真理：人为自然立法

05 获知真理：人为自然立法

引 子

面对变幻莫测的世界，我们总希望获得一些确定性的知识。如果这些知识成为真理，能够指引我们理解世界以及指导人的行动，那就再好不过了。然而，当我们讨论知识或真理的时候，它们究竟意味着什么呢？在很长一段时间内，人们将得到证实的真信念称为知识。但当说出"真"这个字的时候，它究竟是什么意思呢？在日常生活中，我们实际上会在很多种意义上用到"真"，不妨先从一个具体的例子说起。

我可以说一句我认为是真实的话，比如，树会在秋天落叶。每年秋天，北京的树叶会变得五彩斑斓，然后悄然落尽，到了冬天树木就只剩光秃秃的树枝挺立着。通过观察我身边的这个世界，我认为树木在秋天落叶这个经验是真的。这种让人信以为真的经验我们可以将此称为信念。但是，有一年春天我去了广州，发现广州的很多树木是在春天落叶。因为广州处于亚热带地区，那里的树木只有在春天长出新芽时才会把原来的树叶替换掉，所以在广州看到的现象是春风扫落叶。经过"走南闯北"一遭，我才意识到"树会在秋天落叶"这个说法就只有在北方才成立。如果我一生中都没去过广州，或没有在春天去过广州，那么我终生都会认为树就只在秋天落叶，并坚定地相信这就是真的。

除了信念，我们日常生活中还存在另外一种认识，叫作知识。比如数学老师会告诉你，在欧式几何的范围内，三角形内角和永远是180度。虽然我们在现实中永远见不到一个理想的三角形，但对这个认识确信不疑。类似地，我们在数学课堂上学到的众多定理和公理都会被认为是确凿的知识。

比较一下"秋风扫落叶"和"三角形内角和是180度"这两个认识，"秋风扫落叶"听起来更像是我的信念，信念是会随着经验改变的，并不会永远为真；而"三角形内角和是180度"这个认识，它不会因为经验的改变就轻易被推翻，更具有普遍性，我们把这类认识称为知识。把认识区分为信念和知识，并不是我的发明，柏拉图对这两者就有过非常精彩的分析，我们来看看他是怎么说的。

05 获知真理：人为自然立法

信念与知识

柏拉图对"真"的讨论方式很高明，他不仅把真的问题当作认识论的问题，还将真与认识的对象联系在一起。[1] 在柏拉图看来，不管是信念还是知识，其实归根结底它们都是对存在的认识。到底哪一种认识才靠得住，才称得上最终的真理呢？柏拉图认为，这取决于认识的对象，也就是存在到底靠不靠得住。柏拉图区分了三类存在，即完全存在的东西、绝对不存在的东西和存在于二者之间的东西。我们可以用"美"来做例子，那么这三类存在就是美本身、许许多多具体美的东西，以及绝对的不存在。

对于绝对的不存在，我们没有办法对它进行认识，甚至从严格意义上说，绝对不存在的东西或彻底的"乌有"是没法用语言表达的，更没法去思考。因此你面对"乌有"或"不存在"，只能得到"一无所知"。与"乌有"相反的是绝对的存在。在柏拉图的学说中，什么是绝对的存在呢？是理念，比如美的理念。美的事物千变万化，但美的理念确定不变。所以，当哲学家去认识绝对的存在，也就是认识理念的时候，他们所得到的认知的结果是确定的，因为认知对象是不变的。柏拉图

---

1 ［古希腊］柏拉图：《理想国》475e—478d。

把这种对确定的理念的认识,叫作知识。

第三种存在是介于"乌有"和绝对存在之间的状态,它在存在程度上有所欠缺,但并不是一无所有。比如,我们肉眼看到的一朵美丽的牡丹花。当这朵花盛开时,它有绚烂的色彩、美丽的姿态等,当你去观看它的时候,你会认为"圆形-红色-多层"的花朵是美的。如果你在别的地方看到一朵樱花,你也会觉得樱花很美,你会说"伞状-粉红色-单层"的花朵也是美的。这样一来,经过肉眼观察,你可以得到很多种对不同花的美的描述。柏拉图认为,不同的花朵之所以都是美的,是因为它们都享有了美的理念,即美本身。但是因为通过看花,你并不是直接观看美本身,所以你并没有真正对美本身有所认知,但又不是对美一无所知,毕竟花朵还是呈现了部分的美。并且,介于"乌有"和绝对存在之间的具体事物并不能保持不变,美的载体在不断变化。你通过肉眼观看具体的美的东西,得到的既不是不变的知识,也不是无知,而是会变化的信念。

柏拉图通过区分三种认识的对象,绝对的存在、"乌有"和二者之间的存在物,分别得到了三种认识的结果:知识、无知和信念。知识是不会错的,它是必然的、普遍的、完全无须以任何经验为根据的认识;而信念则有真有假,它需要凭借经验和感官获取,并不能得到任何绝对正确的认识。所以,真理就不是信念，而是知识。在柏拉图的学说中，真理或者说知识是现成的，只需要哲学家用理性这种最高的能力直接去"看"就能得到，而普通人在感官世界中生活，又受到认知能力的限制，只能持有信念。

再举一个更为直观的例子，在我们前面介绍过的柏拉图洞穴寓言中，人只有到洞穴外去看到真的树，才能对树有正确的认知。如果你观看的是树的影子，甚至是洞穴中树的"木偶"所投射在洞穴墙壁上的影子，那么你就不可能对树本身有全部的、正确的认知。但是这些影子又不是凭空出现的，都反映了树的某些特征。所以，认识的对象以及认识能力决定了知识、无知与信念的区别。

柏拉图的知识论是极为理性主义的一套理论体系，如果进一步追问柏拉图，真理既然来自理念世界，而和由经验而来的信念相区分，人又是如何获知的呢？柏拉图说人具有先天知识，人的感觉经验能够帮助人回忆起这种知识。所以从根本上来说，真理并不依赖于人的经验感知，它是客观存在的。柏拉图的理性主义到了近代也有大批继承人，而最重要的"唯理论"的开创者就是试图为知识找到确定支点的笛卡尔。

怀疑论

在关于自我的讨论中,我们已经简要讨论了"我思故我在"。在关于知识的讨论里,我们还要再次将笛卡尔作为引路人,因为他彻底地怀疑经验能够给予我们知识。在《第一哲学沉思集》"第一个沉思"的开篇,笛卡尔说了一段非常重要的话:"由于很久以来,我就感觉到我自从幼年时期起就把一大堆错误的见解当作真实的接受了过来,而从那时以后我根据一些非常靠不住的原则建立起来的东西都不能不是十分可疑、十分不可靠的,因此我认为,如果我想要在科学上建立起某种坚定可靠、经久不变的东西的话,我就非在我有生之日认真地把我历来信以为真的一切见解统统清除出去,再从根本上重新开始不可。"[1] 笛卡尔试图为人类的知识大厦找到一个稳定的起点,而他是通过普遍怀疑进行的。

笛卡尔之所以说自幼接受的很多东西都可能是假的,是因为人一旦对这些事物进行反思,就会发现,它们未必真的真实可靠。

首先,我们通过感官感觉到周围存在的事物,然而感官未必能带给我们真实的知识,比如插在一个装了水的透明水杯中

---

[1] [法]笛卡尔:《第一哲学沉思集》,庞景仁译,商务印书馆2011年版。以下关于笛卡尔的引述,均出自此书。

的钢笔看起来是两段的，但钢笔实际上并没有断开。

其次，我们感官所感受到的自己也是可疑的，这听起来很夸张，但笛卡尔举了一个例子就把这种可疑说明白了。笛卡尔说："比如我在这里，坐在炉火旁边，穿着室内长袍，两只手上拿着这张纸，以及诸如此类的事情。我怎么能否认这两只手和这个身体是属于我的呢，除非也许是我和那些疯子相比？"笛卡尔认为，的确如此！至少我们可以对此表示怀疑。因为我们不能确定自己是否处于正常的清醒状态。或者举个更为明显的情境，那就是我们完全可能处在睡梦中，笛卡尔说："有多少次我夜里梦见我在这个地方，穿着衣服，在炉火旁边，虽然我是一丝不挂地躺在我的被窝里！"既然我们难以确定我们是否在梦中，那么，对于我们所看到、所遇到的一切事物，对于我们所亲历的一切事件以及事件中的人与物，我们也不能相信他（它）们的真实性。

这还不够，笛卡尔进一步怀疑数学、几何学这种最普遍的东西，比如说 $2+3=5$、正方形有 4 条边等，这可能也是不可靠的。为什么 $2+3=5$ 呢？这可能是上帝有意让人们这么认为的，因为谁能保证上帝就一定创造了天地与物体呢？或许上帝只是把我们像我们现在这样造出来，让我们看到和摸到其实根本不存在的天地与万物，有意塑造我们的思维呢？

经过笛卡尔的这种普遍怀疑，原本那个稳定的世界开始摇摇欲坠，我们所秉持的知识与信念也不再可靠和稳定。那么，在将原始的知识与信念一次性清除之后，是否能找到确定的东西呢？这个东西又是什么呢？这就引向了笛卡尔的答案：我思故我在。经过这么多怀疑，最后唯一确定的是"我在怀疑"，这是毋庸置疑的。换言之，虽然我从小到大接受的很多从感官、上帝或其他地方而来的感觉、知识和信念都可能是不可靠的，但是我意识到这一刻的"我怀疑"是必然存在的。"我怀疑"就是"我思"的一种体现，"我思故我在"就是对"我在进行普遍怀疑就是进行自我认识"这一事实的直觉认识。

有了"我思"这样一个确定的支点，笛卡尔就能从"我思"推导出有关外部世界的真理。笛卡尔认为存在一条"清晰、明白原则"，即任何被清晰、明白地感知到的都是真的。比方说，如果我清晰、明白地感知到我前面有一支钢笔，那么我前面就有一支钢笔，因为任何被清晰、明白地感知到的东西都是真的。那么，这个"清晰、明白原则"又是靠什么确立和支撑起来的呢？笛卡尔引出了上帝，他相信上帝存在并且不会欺骗我们，正是这样一个全善的上帝确保了这一"清晰、明白原则"有效。对于笛卡尔的解决方案，后人多有争议，但这是任何试图将知识确立在某种稳定基础之上的解决方案所要承受的必然代价。

与笛卡尔理性主义方案不同，经验主义者认为只有来自感觉经验的观念才能够指涉真正的事物，并且拒绝唯理论秉持的我们拥有先天知识，以及理性是有关外部世界知识的来源的观点。这个流派最有名的代表就是苏格兰哲学家大卫·休谟。休谟提醒人们，所谓对外部世界的认知，就是外部世界刺激我们的各种感官之后，我们的大脑所产生的一系列观念，我们所能认识的仅仅是这些观念而已。在汉语中，有一个词的字面含义非常准确地形容了这个过程，这就是"印象"，即在我们心灵上印下的一些象。当说到"印象"的时候，我们预先假设存在一个外在世界，这是一个在我们的信念和经验的外部、不受我们的想法影响的世界，而我们对外部世界的认知，其实就是这个世界给我们的心灵留下的"印象"。我们无法判断这些印象或这些观念是真是假。

比如我们最信赖的因果观念可能就是靠不住的。举个例子，休谟会问"明天太阳会从东方升起吗？"这样的问题，我们通过已有的经验判定太阳从东方升起，并且通过科学说明由于地球自转，太阳必然从东方升起，这是地球运行的规律。如果再进一步仔细推想，我们所得到的这个科学规律实际上来自归纳法，也就是我们看到在过去的每一天太阳都从东方升起了，所以得出了这个推理。但是休谟会追问，归纳法本身是能得到理性支撑的吗？我们并没有办法证明归纳法的根本预设，即未来会和过去相似。具体到太阳升起的例子，如果明天地球不转了，或者太阳爆炸了，或者银河系湮灭了，那么太阳就不会升起了，这种情况难道真的不可能发生吗？答案是否定的。因此，所谓的科学规律只不过是一些"信念"，然后我们再以此自我催眠，认为它们就是真理。是否可能存在一些超出我们认知范围的科学规律，而那些规律又恰恰决定了明天太阳不会从东方升起呢？

在休谟看来，同样的原因不会产生同样的结果这个观念并不是自相矛盾的，所以，"太阳明天不会升起"这个命题并不比"太阳明天会升起"这个命题更难理解，也没有比后者蕴含更多的矛盾。因此，如果我们试图证明前者是错的，简直就是白费力气。这样一来，休谟就给人类创设了一种无比尴尬的境地。一方面，人对外部世界的认知都是基于感觉经验，但另一方面，基于感觉经验所能知道的东西又极其有限。要是沿着休谟这条怀疑的路走下去，我们很容易变成一个彻底的怀疑论者，人一定会绝望、发疯。因为彻底的怀疑主义者认为所有重大的问题都没有答案。休谟并没有要求人在日常生活中走向极端，他还是建议我们要按照未经如此反思的思考方式进行思考：当看到每一天太阳升起后，我们还是要按照明天太阳依然会升起来推论。但是，休谟在理论上却给确定的知识带来了重大的挑战。

05 获知真理：人为自然立法

人为自然立法

康德说，休谟的著作让他从独断论的美梦中惊醒，并激发他写出了近代哲学史上最重要的作品《纯粹理性批判》。所谓的独断论就是指笛卡尔开创的唯理论传统，总体来说唯理论强调先验的观点，认为人心中有一些先验观念，即先于经验的观念。我们凭着这些先验观念去把握知识，而一切知识的基础则是理性直观的知识。我们心中先天就固有这样一些直接的知识，所以能把握对象。康德在了解到休谟的经验主义怀疑论之后，便试图走一条综合的道路。

人为自然立法，这句听起来很玄乎的话实际上是康德为人的认识划界的结果，而康德的这一努力也被称为康德的"哥白尼式革命"。我们知道哥白尼用"日心说"代替了"地心说"，康德也差不多做了同样的工作。康德工作的核心是区分了现象与物自身，所谓现象就是事物向我们显现的样子，而物自身就是事物的实在本身。比如说，你眼前有一支钢笔，它大约20厘米长，黑色，圆形等，这些是我们所能认知的钢笔的表象，这些性质都附着在钢笔的物自身上面，但却不是钢笔那个物自身。

传统哲学会假定物自身是可知的，而我们的知识必须符合物自身，即类似于太阳围着地球转。但是，康德提出，为什么不能反过来，让客体使自身符合主体的认知呢？即地球围着太阳转。所以，对于我们面前的那支钢笔而言，我们对钢笔的认知不在于钢笔本身，而在于我们的心智。这又该如何理解呢？康德认为，对于钢笔的物自身来说，人不可能对其有认识；人能够认识的是这个对象。什么是对象呢？康德认为，对象是由人的对象意识、对象观念，综合各种感性材料建立起来的。换言之，所有的经验性知识都是由两部分构成的：一是直观，即任何我们感觉到的东西，这是知识产生的必需材料；二是概念，我们通过概念可以借助各种法则将直观组织起来，从而将对象建构为对象。回到钢笔的例子，如果没有直观，即没有钢笔的长度、颜色、形状，我们就无法认知这个对象；而如果没有概念，我们只是有一堆感觉素材：20厘米，黑色，圆形，而无法将其组合为一个对象。

在康德看来，人要认识世界，既要有先天的观念，又要有后天的直观经验，缺一不可。直观包括空间与时间两种形式，任何感觉、知觉、印象都是在时间与空间之中的。人看到这支钢笔就会问它有多长，之所以看到钢笔是黑色的则是因为黑色一直持续为黑色，而离开了空间与时间，人不可能感觉到对象，所以时空是人预先设定的直观形式结构。

先天概念形式则由十二个知性范畴构成，这些范畴每三个一组，分为四组，分别叫作"量"（单一性、多数性、总体性）、"质"（实在性、否定性、限制性）、"关系"（实体与偶性、原因

05 获知真理：人为自然立法

和结果、协同性或交互性）和"模态"（可能性与不可能性、现实性与非现实性、必然性与偶然性）。所谓的知性是指比感性更高的认知能力，知性能够主动地对感官经验材料进行综合统一，最终形成知识。这里仅举因果关系为例来说明康德的知性范畴。当我们摸到一块石头很热时，会自然地想到肯定有一个原因让石头发热，这是先天综合判断，然后我们可以以具体推断是因为夏天的日照让石头发热，或是底下有地热让石头发热，以此进行具体的因果推断，这就是知性范畴。这些范畴表就是康德的"人为自然立法"的根本构图。总体来说，在康德看来，我们之所以能够用一种带有确定性的方式认识世界，就是因为人类可以把先天的认知结构加在后天的感官经验之上，康德就这样把知识的根据从外部客体转变到认识主体上来。自此以后，判定某认识是否普遍必然有效的标准就不再是看它是否与外部对象相符合，而是看它是否依据先天的范畴所建构。

康德给我们解了枷锁，但也给我们立了规矩。一方面，我们对发现世界真实的样子不再抱有十足的信心，而是将重点放在了怎么样通过我们的理论、概念将秩序加在自然上面；另一方面，我们也不认为真理是相对的和纯粹主观的，人和人之间还是可以有共同的正确看法的。那么，标准是什么呢？答案是"合理性"，也就是我们有合乎理性的思考，需要好的理由将它讲清楚。这是思想对真理的规定和要求。

延伸阅读

陈嘉映:《感知·理知·自我认知》,北京日报出版社2022年版。

邓晓芒:《康德哲学讲演录》,商务印书馆2020年版。

[加拿大]詹妮弗·内格尔:《知识》,徐竹译,译林出版社2022年版。

06
结交朋友：一个灵魂，两个身体

06 结交朋友：一个灵魂，两个身体

引 子

记得小时候我经常唱一首儿歌，名为《找朋友》："找呀找呀找朋友，找到一个好朋友。敬个礼，握握手，你是我的好朋友。再见！"短短几句歌词，就把对朋友的渴望、交朋友的仪式感以及和朋友的告别都交代得清清楚楚。而在今天的社交媒体时代，只需要当面扫一下二维码或者群里添加一下朋友，你就可以成为某个人的"朋友"。我们每个人的微信里都有成百上千个"朋友"，如果你再有点儿工作业务，达到微信"朋友"五千人的上限也不是难事。当然这只是信息技术兴起后的一个缩影：人与人无比容易地搭上线。但是，随着微信"朋友圈"不断扩大化和陌生化，愿意在"朋友圈"分享自己生活的人越来越少了，我们也被越来越多的人所屏蔽，甚至大家通过分组的方式，将自己的分享设置为只让特定的"朋友"看。"朋

友"这个称呼陷入"通货膨胀",而你所向往的真正的朋友却陷入"通货紧缩"。那么,到底什么才算是真正的朋友呢?带着这个问题,我们一起再回到哲学的世界看看。

真正的朋友,让彼此能够成为更完善的人

对朋友的渴望是人很自然的情感需求,柏拉图曾经专门写了一篇名为《吕西斯》的对话,讨论什么是真正的朋友。[1] "吕西斯"是一个人名,在古希腊语中的意思是"松开束缚"。柏拉图用这个名字来鼓励人们脱离日常生活的束缚,去重新考察那些被称为朋友的人,他们究竟是不是真正的朋友。在古希腊的世界里,"朋友"指代的人群非常广泛,不仅仅陌生人之间能够成为朋友,有血缘关系的家人也会被称为朋友。那这些被称为"朋友"的人,真的是我们想找的好朋友吗?

柏拉图给真正的朋友设置了一个标准,那就是稳靠——稳定并且可靠。但是通过考察,柏拉图发现,日常生活中的朋友关系很难达到真正朋友的标准。比如,古希腊人习惯把家人当作朋友,但是你只要想想身边的例子就会知道,家庭关系从来

---

1 [古希腊]柏拉图:《柏拉图〈对话〉七篇》,戴子钦译,辽宁教育出版社1998年版。

06 结交朋友：一个灵魂，两个身体

就不是稳定而可靠的，真正融洽的家庭关系是需要家庭成员拥有很高的智慧才能实现的。中国有句老话叫作"养儿防老"，其实背后隐藏的话是，一旦儿子没能起到养老的作用，那么这段亲子关系很可能就会岌岌可危。所以，并不是有血缘关系的人就会自然地成为亲近的朋友，当家庭成员都是成年人之后，仍然需要在血缘基础上重新建立亲密关系，这就是"交朋友"中"交"的含义。

陌生人之间的朋友关系更是这样。人们常说"物以类聚，人以群分"，也就是同一类人会容易成为朋友。但是柏拉图提出，同类的人既然彼此类似，那么就不会对彼此产生太多的帮助，也就很难成为朋友。而如果是性情截然相反的人呢？俗话说异性相吸，相反的事物可以形成互补，但我们也很难想象一个好人和一个坏人成为朋友。所以，在柏拉图的讨论中，彼此间相似和相反的友爱都很难成为稳靠的友爱。

家人之间，以及相似或相反的陌生人之间都难以产生稳靠的朋友关系，难道这个世界上就没有真朋友可言了吗？幸运的是，在《吕西斯》这篇对话的最后，柏拉图还是给我们提供了一个线索，他说人们之所以会渴求朋友，肯定是因为我们自己存在某种缺失，人所渴求的肯定是某种好的东西，既然如此，人肯定是还没有成为完善的好人，因为一旦你成为自足的人，便不再匮乏，也就不需要朋友了。所以，友爱的前提是，你意

识到自己缺失了某些好的东西,也就是善,你想通过朋友把缺失的善找回来。而真正的朋友,他们最能弥补你缺失的善,柏拉图称这种关系为"原初友爱"。

所以,在柏拉图看来,什么是真正的朋友这个问题,就变成了什么才是"原初友爱"的问题了。但是原初友爱可能并不指向一个具体的人,而是首先要感受到缺失。这个问题在他的学生亚里士多德那里得到了更为充分的回答。

亚里士多德在他的伦理学著作里曾花费了最大的篇幅来讨论友爱问题,因为友爱是人最重要的外在善。[1] 亚里士多德提出,友爱有三种,分别是基于用益的友爱、基于快乐的友爱和基于德性的友爱。基于用益的友爱,顾名思义就是因为能从对方那里得到好处而友爱,比如双方因为做生意而成为朋友,估计这也是我们"朋友圈"中大部分朋友的性质。亚里士多德分析说,在基于用益的友爱中,人们并不是因对方自身的缘故而爱对方,而仅仅是因为对方对自己有用。这种友爱的纽带只是用益,一旦双方对彼此不再有用,友爱关系也就不再持续。我们汉语中也有一些词来形容失去用处后的人际关系,比如"过河拆桥""人走茶凉"等。但这种友爱并不都是负面的,因为在商业社会的交往中,用益朋友仍是最常见的,只不过并不见得是

---

[1] [古希腊]亚里士多德:《尼各马可伦理学》第八—九卷,廖申白译注,商务印书馆2003年版。

06 结交朋友：一个灵魂，两个身体

你最想要的那种朋友。

与基于用益的友爱相比，基于快乐的友爱更多地体现为年轻人之间的情爱关系，通常友爱双方也非常愿意生活在一起。然而他们之间快乐的感情非常容易变化，所以他们虽然能体会到友爱的快乐，但是也并不能持久。在荷尔蒙的支配下，"一见钟情"之后往往是"朝三暮四"。所以，总体而言，基于用益和快乐的友爱在亚里士多德看来都不稳定、不能持久，也都不能被称为"稳定的朋友"。那么，什么才是稳定的朋友呢？这就是亚里士多德提出的第三种友爱：基于德性的友爱。

在第三种德性友爱中，因为友爱的双方都是有德性的好人，所以他们彼此之间不仅能够相互帮助，也能够给彼此带来愉悦。同时，德性友爱关系并不致力于让自己获得利益，而是致力于为朋友着想，希望对方好，所以德性友爱能够持久稳定，能够经受住共同生活的考验，友爱的双方也能够从共同生活中获得快乐。对亚里士多德来说，人的德性不是体现在财富或名望上，而是体现在人卓越的品性和智慧上。两个有德性的人成为朋友，就有点儿像知音。双方因为彼此卓越的品性和智慧而喜欢互相交流，而且对话本身也是令人愉悦的，这就是真正的爱——智慧，也就是哲学。需要说明的是，基于德性的朋友并不会妨碍朋友间在用益的意义上互相帮扶。如果一方看到

朋友生活过于艰难，那么他就会在自己能力范围内帮助朋友改善生活，也不会期待任何回报，因为他对朋友的帮助是发自内心地对朋友好。所以，德性友爱并不排斥用益和快乐，反而是比用益和快乐更为完善的友爱关系。

无论是柏拉图还是亚里士多德，古希腊哲学家对友爱的经典看法都将目光放在人的完善上面。在他们看来，真正的朋友就是基于德性的友爱，是让自己不断完善的那个人。到这里，似乎什么是真正的朋友这个问题已经有答案了，但是一个叫作奥古斯丁的人对这个说法提出了质疑。

超越性的友爱模式

奥古斯丁在年轻的时候曾经对德性的友爱笃信不移。罗马的哲学家喜欢用"一个灵魂，两个身体"来描述这种纯粹的、真正的友爱关系，奥古斯丁也是这样，他年轻时也很幸运地拥有了这么一位朋友。在自己的著作《忏悔录》里，奥古斯丁回忆说，自己的这位朋友是无比亲密的知己，他们两个人一起长大，一起求学，一起游戏，一起研究学问。两个人嗜好相同，谈话无比投机。但是一场突如其来的大病夺取了这位朋友的性命，奥古斯丁陷入极大的痛苦之中，他的原话是："只有眼泪是

06 结交朋友：一个灵魂，两个身体

甜蜜的，眼泪替代了我心花怒放时的朋友。"[1]

奥古斯丁原本相信罗马诗人说的"朋友是自己灵魂的一半"[2]，而朋友的离世给这一命题带来了严重的挑战，也让奥古斯丁对"一个灵魂，两个身体"的友爱关系是否存在产生了怀疑：

> 我奇怪别人为什么活着，既然我所爱的、好像不会死亡的好友已经死去；我更奇怪的是他既然死去，而我，另一个他，却还活着。某一诗人论到自己的朋友时，说得很对，称朋友如"自己灵魂的一半"。我觉得我的灵魂和他的灵魂不过是一个灵魂在两个躯体之中，因此，生命为我成为可怖的，因为我不愿一半活着，也可能我因此害怕死，害怕我所热爱的他整个死去。[3]

所以，对奥古斯丁来说，他虽然发现自己非常痛苦，但又意识到自己宁愿丧失朋友，也不愿放弃自己的生命。奥古斯丁痛苦地发现，真正的朋友是不是根本不存在？身处一个灵魂、

---

1 ［古罗马］奥古斯丁：《忏悔录》(4.4)，周士良译，商务印书馆2011年版。
2 ［古罗马］贺拉提乌斯：《诗歌集》卷一，第3首第8句。
3 ［古罗马］奥古斯丁：《忏悔录》(4.6)，周士良译，商务印书馆2011年版。

两个身体的原初友爱中，你爱的究竟是朋友，还是自己？友爱会不会在根本上是自爱或者自恋？

奥古斯丁反思了自己失去朋友而深陷痛苦的原因，他意识到为何这丧友之痛能轻易地深入他的内心。原因是奥古斯丁爱上了一个会死亡的人，但他把朋友当作永远都不会死亡一样。奥古斯丁后来信奉了基督教，从哲学上给了丧友之痛一种解释。丧友之痛的根源在于他把朋友当作好像永远不会死的事物，把可朽的对象当作不朽的对象来爱，从而发生了爱的错位。而真正的不朽不属于任何世人，只属于上帝，因为只有上帝是永恒的。与此相对，一切世间物都是变动不居的。奥古斯丁发现，爱可朽之物是错误的爱，只有爱上帝才是正确的爱。

对基督徒来说，爱上帝无疑是最重要的，但是还有一个重要问题，那就是尘世间是否还有朋友呢？是否还要爱尘世中的朋友呢？奥古斯丁给出了一种新的友爱范式，这种范式简单来说就是人要先和上帝建立关系，然后再与其他人建立起邻人之爱，在共同的团契中一起爱上帝。在基督教的教义中，人类与野兽、树木、石头等造物不同，人类拥有理性灵魂，这使得人类被从伊甸园赶出之后有能力去回溯自己，去朝向上帝。在《圣经》中，人作为亚当的后代，都处于堕落之中，而要重新找回自己，就需要借助耶稣来实现。耶稣通过自己的死亡来替人赎罪，正是上帝对人的这种恩典，才使得人能够意识到自己在此世的位置。这样一来，每个人都要先爱上帝（因为上帝是永恒不变的），然后爱朋友与邻人。因为这是耶稣的命令和示范，在《新约》福音书中，耶稣树立了爱邻人甚至爱敌人的榜样，他命令人要模仿自己，要爱人如己。在奥古斯丁最终的友爱范式中，朋友之间的爱已经不仅仅是尘世中人与人的爱，而是分享着真正的存在本身，是具有理性灵魂的人聚集在一起对上帝的爱。

奥古斯丁的这种新友爱观也给他自己带来一些困扰，虽然新友爱观是建立在基督基础上的爱，但是毕竟人还是在尘世中生活的。当奥古斯丁的母亲莫妮卡——一位虔敬的基督徒去世时，奥古斯丁陷入了哲学的思考。一方面，母亲是他在尘世中的至亲，两人共同的生活使得奥古斯丁陷入至深的痛苦之中；但另一方面，奥古斯丁知道母亲是个虔诚的信徒，一生正直，在离开尘世后她可能去往更为幸福的天堂。既然如此，奥古斯丁就应该为母亲感到高兴，不需要哭泣，于是他陷入了两难境地。经过一番思考之后，奥古斯丁还是没有压抑住自己的悲痛之情：

> 我任凭我抑制已久的眼泪尽量倾泻，让我的心躺在泪水的床上，得到安宁，因为那里只有你听到我的

哭声，别人听不到，不会对我的痛哭妄作揣测。

……如果认为我对于在我眼中不过是死而暂别、许多年为我痛哭使我重生于你面前的母亲，仅仅流了少许时间的眼泪，是犯罪的行为，请他不要嘲笑……[1]

奥古斯丁的友爱观有浓厚的宗教背景，但是他的哲学思考范式却是可以普遍化和抽象化的。我们可以将这种范式转化一下，即人与人的关系不是直接建立起来的，而是首先要和某种超越性的第三方（上帝、事业目标等）建立关系，然后再彼此建立朋友关系。这种友爱观的特点也很明显，即在本质上是将自己消解或者融入一个更为宏大的事物（事业）之中，那个超越性的存在让友爱具有神圣性。写到这里，我不禁又想起中学时读到的马克思传记中的一段话，提到青年马克思对真正的朋友的标准，即在同一个堡垒中战斗，有着共同的目标。当时的我非常憧憬能找到这种志同道合的真朋友，直到读了奥古斯丁的著作，才意识到对于这种友爱来说，需要先找到那超越性的事物。

---

[1] ［古罗马］奥古斯丁:《忏悔录》(9.12)，周士良译，商务印书馆2011年版。

06 结交朋友：一个灵魂，两个身体

自爱与友爱

在上面讨论的希腊友爱范式和奥古斯丁友爱范式中，都有一个共同的问题，那就是自爱与友爱的关系。对这个问题的回答，能够让我们对"朋友"有更为完整的理解。

首先，友爱和自爱其实是无法截然分开的。真正的友爱源于自爱，自爱是拥有真正朋友并且成为他人朋友的起点。亚里士多德就说，人首先要做到自己身心一致，并希望促进自己的善。只有这样，人才能够成为稳定的、追求卓越德性的人。人也必须首先愿意和自己一起生活，才能与别人一起生活。这句话听起来很奇怪，什么是和自己一起生活呢？难道我们不总是在和自己生活吗？亚里士多德的意思是，和自己一起生活意味着自己与自己保持一致，有着稳定的自我认同和同一性。试想一个人，他自己与自己并不一致，或者并不知道自己选择的只是他认为令他愉悦但实际却对他有害的东西，那么他是不可能与任何人成为朋友的。不仅如此，对朋友真正的爱在很大程度上是从对自己的爱衍生出来的。根据亚里士多德的理论，你在多大程度上希望自己好，就会在多大程度上希望朋友好。所以真正的自爱不是自私或者自恋，而是要努力成为卓越的人，做高贵的事情，这样的人才是真正的爱自己的人。

其次，无论是亚里士多德所说的德性友爱，还是奥古斯丁提出的尘世中的圣爱，它们都认为朋友的真正价值在于陪伴感。人固然可以孤独地生活，独善其身，做一个在尘世中各方面尽可能自足的人，或者做一个虔诚的修道士或僧侣。但是朋友是人最大的外在善，通过找到真正的朋友，进入稳定的友爱关系，就可以和朋友一道感知彼此的存在，并通过共同的语言及思想的交流来共同存在。哪怕是虔敬的信徒，他们明知道尘世的生活是短暂的、可朽的，并且要用一生的努力来追求永恒的生活，但也不会将尘世中的关系彻底否定，正如奥古斯丁在母亲去世后放声痛哭一样。人在此世的生活哪怕无比卑微和无意义，人仍需要过完尘世的生活，而只要有这个前提，那么与朋友的共同生活对人来说就有其不可取代的意义。这种陪伴的、共同存在的感觉本身就是令人愉悦的，也是值得欲求的。

如果说朋友就其本质上是能够和你共同分享此世存在的人，那么我们就能够理解为什么"朋友圈"里的朋友很多，而愿意向自己分享生活的朋友并不多。因为真正符合朋友标准的人是稀少的，我们不可能同时和很多人成为真正的朋友，而面对"通货膨胀"的"朋友圈"，你只会选择越来越少地分享你的生活，或者只向特定的分组共享你的生活状态。用亚里士多德的话说，真正的朋友需要在一起吃足够多的盐巴，也就是说真正的朋友需要通过无数的共同经历和考验，就像经过大浪淘沙，最后找到真正的好人以及能与你共同分享存在的人。在这个意义上，柏拉图是对的，即我们被抛入世界而自然拥有的亲缘关系圈中的人也并不必然是我们的朋友，朋友需要在我们理性能力完备以及性情稳定以后，与处于关系网中的人重新结交确认。相较于爱情，真正的友爱不是冒险地孤注一掷，而是基于品性的相互陪伴，所以我们也无须担忧朋友的稀少。相反，如果一个人宣称他有很多朋友，那么实际情况很可能是没有真正的朋友。

最后，我想以蒙田的一段话总结以上对朋友的讨论。蒙田曾提到过三种最令他愉悦的交往，其中两种是书籍和漂亮女性，还有一种就是我们所讨论的朋友：

> 我始终乐于跟智慧而正直的人深入交往。跟他们交往后，便没有再同其他人交往的欲望了。我说的这种智慧而正直的人是很不多见的，他们做人做事多出于本性。跟他们交流只是为了深入相处、侃侃而谈、受以熏陶，并以此来培养心志，别无其他。谈话的时候说什么话题并不重要，重要的是谈话没有压力，不必摆出高姿态而且一味寻求高雅情调。他们的话总是蕴含着深刻而精练的道理，并且充满善意、真诚、快乐和情感。我们并不只是在谈论法制、战争和继承等重大事务时才闪耀光芒，交流一般话题时也可以表现

出来。我甚至能从他们的沉默和表情中判断出他们的看法，并且在吃饭的时候比在会客厅交谈时更容易剖析他们。[1]

延伸阅读

［古希腊］亚里士多德：《尼各马可伦理学》，廖申白译注，商务印书馆2003年版。

［古罗马］奥古斯丁：《忏悔录》，周士良译，商务印书馆2011年版。

［古罗马］西塞罗：《论老年　论友谊　论责任》，徐奕春译，商务印书馆2003年版。

庞思奋：《爱灵魂自我教程》，广西师范大学出版社2010年版。

---

1 ［法］米歇尔·德·蒙田：《蒙田随笔全集》（下卷）第三章，潘丽珍等译，译林出版社2022年版。

07
寻觅爱情：柏拉图式的爱与那喀索斯

07　寻觅爱情：柏拉图式的爱与那喀索斯

引子：为了爱情而离婚？

2021年5月4日，比尔·盖茨和梅琳达夫妇在社交媒体发表声明，称两人结束了27年的婚姻关系。看到这一消息，我朋友圈内的青年人顿时开始不淡定了。为什么不淡定呢？不仅是因为盖茨夫妇特殊的名人身份，最重要的是两人离婚的原因。在公布的离婚声明中，比尔·盖茨和梅琳达只用了一句话来解释离婚的原因，这就是"我们不再认为在人生的下一阶段，我们能够作为夫妻携手成长"。我的一个朋友在转发这段话的时候，评论了一句："都多大了，还想怎么成长？"这句评论听着像调侃，实际上却道出了婚姻和爱情的深刻道理。

在婚姻中的两个人，最初可能是因为爱走到了一起，可一旦结婚后，爱情逐渐转变成亲情，此时夫妻关系更多的是相互支撑的财产契约关系。这么说虽然听起来很残酷，但如果你去检索《中华人民共和国民法典》的第五编"婚姻家庭"部分，就会发现"爱"这个字只出现过两次，一次是说夫妻应"互相关爱"，另一次是说家庭成员应当"敬老爱幼"。听到这两个词，你就会意识到，《中华人民共和国民法典》里要求的爱跟爱情已经没太大关系了。

如果婚姻是契约关系，夫妻二人就会获得各项合法权益，特别是财产权。那么，对于盖茨夫妇来说，为何婚姻对巨额财产的保障，最终却抵不过一句"无法共同成长"呢？难道去除了荷尔蒙的短暂作用，爱的真正基础是"共同成长"吗？盖茨夫妇的这个讲法其实并不新鲜，最早用这种方式讨论爱的是柏拉图。

爱的阶梯

柏拉图写过一篇精彩的对话，名字叫作"会饮"，也就是一群人在一起喝酒聊天。[1] 当天聊的主题是"爱欲"，而古希腊主管爱欲的神是"爱若斯"，所以大家伙儿会饮的主题就是轮番称颂爱若斯，最后看谁说得最好。在众多发言人中，

---

[1] ［古希腊］柏拉图：《会饮篇》，王太庆译，商务印书馆2013年版。

07 寻觅爱情：柏拉图式的爱与那喀索斯

有两个人讲得特别好，一个是雅典的大喜剧作家阿里斯托芬（Aristophanes），另一个就是我们的老朋友苏格拉底。阿里斯托芬解释了为什么我们会爱别人，而苏格拉底则试图说明白，人应该爱什么。

阿里斯托芬讲了一个神话故事，他说在很久之前，人类长得并不是今天这个样子，而是球形的模样。最初的人有两套器官：两张脸、四只胳膊、四条腿、两副性器官，等等。并且，最初的人不只有两种性别（男性和女性），还有第三种性别，即男女合体。他们可以任意前行或后退，想跑快的时候，还可以把腿收起来，像一个球一样飞快翻滚。阿里斯托芬说，最初的人体力和精力都远强于现在的人，力量大到可以去和神打架。结果宙斯看到这种情况，便叫阿波罗对人进行了手术，将人变虚弱。阿波罗的手术方法就是把圆滚滚的人劈成两半，每劈一个，就把人的头转过来，让人能看到自己的切面，这样人就能学乖一点儿。最后，阿波罗再把切口缝合起来，留下肚脐眼儿。这样，原来的一个人就变成两个。

可以想象，人原来是两个一半组成的，现在被切开了，两个一半便拼命去找自己的另一半，找到后便抱到一起，四肢缠绕不放，恨不得能合为一体，心无旁骛，甚至饿死也不撒手。宙斯看到这个情形，心生怜悯，便对人进行二次改造。宙斯又把人的生殖器从身体后面移到前面，让他们能在交媾之后，正常生活，放手干点儿别的事情。由于原来人有三种性别，现在被切开后，也有三种爱：一半男性对一半男性的爱，一半女性对一半女性的爱，一半男性对一半女性的爱。

阿里斯托芬的这个故事阐述了人类的一个自然倾向，那就是对肉体的渴望。当遇到爱人的时候，人会触摸、拥抱、亲吻对方，并会发生性关系。这种肉体的亲近是因为人的自然缺失，每个人实际上都是被分割后的产物。而对每个人来说，都存在一个完美的另一半，只有和原属于自己的另一半合体，才是完整的自己。但阿里斯托芬也仅是解释了爱欲里的身体欲望，用今天的话说，就是荷尔蒙主导的那些快乐。而除了身体的渴望，爱还确确实实包含了其他的内容，这就是苏格拉底发言的核心。

苏格拉底说他曾听一个名为第奥提玛的女人谈论过爱神，并且谈得很好，他便复述第奥提玛的话。苏格拉底说，男人和女人通过结合来生育后代的行为是很自然的。只有生育后代，人才能通过代际的传承成为不死的存在，所以爱欲是对不死的渴求。但是，人不仅有身体，还有灵魂。身体的欲望会孕育婴儿，灵魂的爱则要追求更大的圆满。紧接着，苏格拉底讲述了爱的正确步骤（简称"爱的阶梯"）：要学会灵魂的爱欲，就要学会如何爬梯子。

在梯子最低端的是美丽的身体。人最开始肯定会爱慕美丽

07 寻觅爱情：柏拉图式的爱与那喀索斯

的身体，这是基本人性，千百年也不会有变化。阿里斯托芬在前面已经把这事解释得很形象了，而苏格拉底的不同之处在于，他劝人不要把目光停留在美丽的身体上面，身体的欢愉毕竟是短暂的。对人来说，看到美丽的身体，应该想到为什么这个身体是美的，思考到这一层，你就会发现世间所有美的身体都是相似的。这时候，你就开始扶着爱的阶梯往上攀爬，从爱一个具体的身体到爱所有美丽的身体，这时候某一个具体的美丽的身体已经微不足道了。你一旦意识到普遍的美，就不会再执着在身体上面，而是会把灵魂的美看得比身体的美更高贵，开始爱灵魂的美。

当你更关心爱人灵魂的美时，你就会花时间通过言谈，让你所爱的人变得更高贵，更加关心自己的品性，并且开始关注知识的美。在这个过程中，人一旦见过更为壮观的美，便会爱上智慧，不再痴迷于肉身，而是希望能够有睿智的言辞、大气的思想。最后，在爱的阶梯的顶端，你会看到美本身。苏格拉底说，具体的美的事物有生有灭，但美本身却一直不变，而具体的事物之所以被称为是美的，也只是因为它以某种方式分享了美本身而已。

所以，爱的阶梯就是从美的东西开始，为了美本身，循着这些美的东西逐渐上升，好像爬梯子，一阶一阶，从一个身体、两个身体上升到所有美的身体，再从美的身体上升到美的操持，由美的操持上升到美的种种学问，最后从各种美的学问上升到认识美本身的学问，最终认识美到底是什么。由此，这种爱最终并不太关注某一个人，而是带有很强的哲学属性，即爱智慧。

苏格拉底说到做到。在《会饮篇》的最后，发生了非常有趣的一幕，一个叫阿尔喀比亚德的年轻人突然闯了进来。在古希腊城邦中，最流行的爱情关系是不同年龄阶段的男性之间的爱，因此年轻的美男子必然成为城邦里男人竞相追求的对象，而阿尔喀比亚德就是雅典城当时最风流倜傥的美男子。被众多人追求的阿尔喀比亚德却独独爱上了苏格拉底，因为他觉得苏格拉底的智慧是最迷人的。阿尔喀比亚德抱怨，自己几次主动出击，想求得苏格拉底的智慧，但都被苏格拉底拒绝了。苏格拉底听完阿尔喀比亚德的话后对他说：你可真是打错了算盘，想用身体的美来换取真正的美，简直是想用铜换金，想瞎了心。苏格拉底抵挡住了身体的美的诱惑，维系了哲学的尊严。

解释完柏拉图心目中的爱，你就能理解盖茨夫妇离婚的缘由了。在柏拉图设定的爱的关系中，处于爱欲关系中的人应该首先关心对方的灵魂，并且让彼此都能顺着爱的阶梯向上攀爬，去爱真正的美和智慧，这才是"共同成长"。比尔·盖茨和梅琳达肯定都已经不再盯着对方身体的美，而是在爱的阶梯

07 寻觅爱情：柏拉图式的爱与那喀索斯

的某一处有了分歧，而这点分歧对于已经爬上阶梯的人来说，恰恰是至关重要的。

那喀索斯与爱情

在解释完柏拉图在《会饮篇》里所谈的爱，你可能会有疑惑，如果爱就是让自己或对方最终去爱智慧，那么不用爱人是不是也可以爱智慧呢？就像苏格拉底的妻子每天对他泼冷水，但并没有妨碍苏格拉底成为哲学家。共同成长为品性高贵的人固然听着不错，但似乎和我们通常理解的爱情还是差了点儿什么。难道哲学家谈起爱，就非得用理性去压制情感吗？难道只有爱智慧才是真正的爱，飞蛾扑火般爱一个具体的人，就是微不足道的爱吗？实情恐怕要比柏拉图的方案更为复杂。

古罗马诗人奥维德在《变形记》（*Metamorphoses*）中讲述过一个浓烈的爱的故事，这就是那喀索斯（Narcissus）和厄科（Echo）的故事。看这两个英文词就知道，这两个词的词义也都来自这个神话。Narcissus 是"水仙花""自恋"的意思，而 Echo 是"回声"的意思。

那喀索斯是河神和水泽神生的儿子，他貌美且风度翩翩，惹来许多青年男女的爱慕，但是那喀索斯高傲得很，并不将追求者看在眼里。有一次,那喀索斯狩猎时被女神厄科看到。厄科有个特点,那就是总在别人说话之后再说话,自己不先开口。她说话的方式就如回声一般,只重复别人话中最后的几个字。厄科看到那喀索斯之后,就被他吸引,心中燃起了爱情之火,偷偷跟在那喀索斯的后面。厄科离那喀索斯越近,爱情就越炽烈,她也就越想向那喀索斯倾诉爱的语言,但是她却不会先开口,只能等那喀索斯先说话。

恰好此时,那喀索斯与猎友走散,便喊道:"这里可有人?"厄科用最后两个字回答:"有人!"那喀索斯略吃一惊,又说:"到这儿来,我们见见面吧?!"厄科又回道:"我们见见面吧。"厄科出来之后,想要抱住自己爱恋的那喀索斯,结果那喀索斯起身逃跑,边跑边说:"不要用手拥抱我,我宁愿死,也不愿让你占有我。"厄科只回答了一句:"你占有我!"遭到那喀索斯拒绝后,厄科便隐居山林,辗转不寐,日渐消瘦,最后身体化无,只剩下声音。

那喀索斯就这样对待追求他的男男女女,最后,有一个被他怠慢的青年向天请求说:"我愿他只爱自己,永远享受不到他所爱的东西。"复仇女神听到了这一请求,便要施行这一请求。结果,有一天,那喀索斯打猎疲倦了,来到一片池塘边上。他口渴难耐,正准备俯身饮水,却在水里看到一个美男子的形象,立刻对这个美男子产生了爱慕之情。那喀索斯望着水中的

07 寻觅爱情：柏拉图式的爱与那喀索斯

这个美男子，赞慕不已，目不转睛地盯着他看。就这样，那喀索斯爱上了自己的倒影，他对自己产生了浓烈的爱慕之情，他一面在爱着，同时又被爱着。那喀索斯不知道自己在水中看到的形象究竟是什么，却陷入了炽烈的追求之中。他多少次想伸手到水里拥抱这个形象，但每次都不能成功。那喀索斯开始举手高喊：

> 树林啊，有谁曾像我这样苦恋过呢？你见过许多情侣到你林中来过，你应当知道，你活了几百岁，在过去漫长的岁月里，你可记得有人像我这样痛苦吗？我爱一个人，我也见得到他，但是我所爱的，我看得见的，却得不到。爱这件东西真是令人迷惘。我最感难受的是我们之间既非远隔重洋，又非道途修阻，既无山岭又无紧闭的城关。我俩之间只隔着薄薄一层池水。他本人也想我去拥抱他，因为每当我把嘴伸向澄澈的池水，他也抬起头想把口向我伸来。你以为你必然会接触到他，因为我们真是心心相印，当中几乎没有隔阂。不管你是谁，请你出来吧！独一无二的青年，你为什么躲避我？当我几乎摸着你的时候，你逃到什么地方去了呢？我想我的相貌，我的年龄，不致使你退避吧！很多仙子还爱过我呢。你对我的态

度很友好，使我抱有希望，因为只要我一向你伸手，你也向我伸手。我笑，你也向我笑；我哭的时候，我也看见你眼中流泪。我向你点头，你也点头回答，我看见你美好的嘴唇时启时闭，我猜测是在和我答话，虽然我听不见你说什么。啊，原来他就是我呀！我明白了，原来他就是我的影子。我爱的是我自己，我自己引起爱情，自己折磨自己。我该怎么办呢？我还是站在主动方面呢，还是被动方面呢？但是我又何必主动求爱？我追求的东西，我已有了；但是愈有愈感缺乏。我若能和我自己的躯体分开该多好啊！这话说起来很不像情人应该说的话，但是我真愿我所爱的不在眼前。我现在痛苦得都没有力气了；我活不长久了，正在青春年少，眼看就要绝命。死不足惧，死后就没有烦恼了。我愿我爱的人多活些日子，但是我们两人原是同心同意，必然会同死的。[1]

那喀索斯终于意识到自己爱上的是自己的倒影，自己对爱情最炽烈的爱原来是对自己的爱。但即便如此，那喀索斯仍然不能停止对自己的爱恋，最后在临死之际，那喀索斯说："青

---

[1] ［古罗马］奥维德：《变形记》，杨周翰译，人民文学出版社1984年版，第58—59页。

07 寻觅爱情：柏拉图式的爱与那喀索斯

年，我的爱落空了。"他的话又引起了回声，最后那喀索斯说了声"再见"，厄科也说"再见"。在那喀索斯死后，他的姐妹们哀恸万分，但却找不到他的尸首，只找到一朵水仙花，这也就是那喀索斯变成水仙花的故事。

那喀索斯的神话在20世纪被弗洛伊德（Freud）和拉康（Jacques Lacan）[1]借用，发展出自恋与镜像理论等，此处不赘述。回到我们关心的爱情主题上面，那喀索斯一开始只知道别人爱慕自己，是被爱的对象。厄科这一女神形象则是将爱的悖论集中表现了出来，厄科爱那喀索斯，但是主动的爱却只能进行被动的表达，即通过重复那喀索斯每句话的最后几个字来展露心声。但在那喀索斯被惩罚之前，他并不爱任何青年或女神，甚至可以说，那喀索斯并不懂得什么是爱，只懂得拒绝被爱。后来那喀索斯得以体会爱情，或者说那喀索斯被爱情击中，他不知疲倦地看着水中的那个美男子形象，像所有追求过他的人一样，想去触摸和拥抱水中的映像，但是他一旦触摸到水面，水中的形象就会变得模糊。那喀索斯最终意识到，自己爱上了自己，这并不是简单地自恋，而是把自己作为一个对象来爱。所以，爱情让他充盈，因为那喀索斯已经拥有了自己爱慕的对象，那就是他自己；但同时爱情又让他无比贫乏，因为

---

[1] 拉康，法国精神分析学大师，镜像理论创始人。

爱情最重要的就是爱一个绝对的他者。这个神话之所以被收录进《变形记》，就是因为那喀索斯无法真正与自己合二为一，他一方面爱的是自己，另一方面又不想爱上自己，最后他只能变为一朵水仙花。

为爱情定位

谈完了柏拉图式的爱与那喀索斯的爱情悖论，我们需要再一次努力理解爱情。爱情很难成为思考的对象，换一个思路或许能够更好地把握它。

爱就像被无数海草贝类包裹的珍珠，要想看清它，需要先把附着在它上面的那些东西去除。第一层要去除的就是婚姻契约与繁衍后代的功能，爱情可以是婚姻或者繁育后代的起点，但与这两者并不等同。柏拉图对这个问题的看法是对的，即人可能被美丽的身体所吸引，但绝不能停留在身体上面。第二层要去除的是附着在爱情上面的结果，比如有人会说："我爱你，因为你是我的精神支柱。"一旦"因为"二字出现，就说明这实际上并不是爱，而是爱的算计。爱情不是算计，不仅不是彩礼、财产分割的算计，更不是感情的算计。第三层要去除的是作为比较结果的爱，比如当一个人对你说："相比起贝克汉姆，我更爱你。"如果听到这句话，那只能说明他／她既不爱你，也不爱贝克汉姆。真正的爱情是不会给出爱的程度的比较的。

那么，去除了各种杂质后的爱是什么样的呢？理性的哲学没有能力提供答案，因为爱并不纯然是理性的。正如那喀索斯看到水中的那个形象后无法停止观看一样，爱情实际上是一种被动性的体验，不仅是"我爱"，而且是被爱情打动。当你对一个具体的人说"我爱你"的时候，他／她也对你说"我爱你"，一旦有了这双重的打动，两个人就会以巨大的冒险精神进入一种新的关系中。这里的爱是绝对的命令，告诉你要把自己交付出去，通过交付也得到了另一个绝对他者，另一个"他"或者"她"。一旦进入这新的关系中，两个人的情感、身体、欲望以及与之相关的所有一切都有了正当的位置，在两句"我爱你"之后，两个人被爱重新塑造了。在爱情之中，没有抽象的人类，只有那具体的、个别的人。进入爱情之后，你们愿意共同分享和创造你们的存在。

延伸阅读

［古希腊］柏拉图：《会饮篇》，王太庆译，商务印书馆2013年版。

［古罗马］奥维德:《变形记》,杨周翰译,人民文学出版社1984年版。

［法］马礼荣（Jean-Luc Marion）:《情爱现象学》,黄作译,商务印书馆2014年版。

08
习俗为王：价值相对主义的困局

08　习俗为王：价值相对主义的困局

习俗为王?!

在我国每年端午节的时候，网络上便会爆发一次围绕粽子口味的大论战。南北方的朋友们自动划分为两个阵营，无形中形成了两个"党派"："甜粽党"和"咸粽党"。每年此时，我这个出生在北方但沉迷于广州咸肉粽的人就变得左右为难了，我的胃似乎早已背叛了自己的籍贯。于是，吃粽子突然成了我的一个问题：究竟应该是在家人热切的目光下吃下甜枣粽，还是坦率地告诉他们，只有咸肉粽才是正宗？最后，为了维护和谐的家庭关系，我还是把到嘴边的话连同甜枣粽一起吞到了肚子里。深陷口脑冲突的我突然想起希罗多德（Herodotos）[1]在他的著作《历史》中记述的一个有关习俗的故事。[2]

---

1 希罗多德，古希腊著名作家，历史学家，被后人称为"历史学之父"。
2 ［古希腊］希罗多德:《历史》，徐松岩译，上海人民出版社2018年版。

波斯国王大流士曾把希腊人和印度人叫到一起，他明知道这两个地方的人对待逝者的习俗是不一样的，希腊人在亲人去世后会进行火葬，印度人则会吃掉亲人的遗体。大流士就先问希腊人，给他们多少钱能让他们吃掉自己亲人的遗体，希腊人大惊失色，说大王怎么会有这种无礼的要求。接着，大流士再问印度人，给他们多少钱才能让他们烧掉逝去亲人的尸体，印度人说绝无可能。那么，问题来了，后人究竟应该如何处理逝世亲人的遗体这个问题是否有终极的、唯一的答案呢？还是说在不同历史时期的不同地区，不同处理方式都值得被尊重？

　　古希腊诗人品达（Pindar）就曾感慨说："习俗才是万物的大王！"这就是说，对大多数人来说，习俗就是真理，每个人都会觉得自己的习俗是最好的。但真的是这样的吗？希罗多德还记录了另外一位波斯国王冈比西斯的事迹，让这个问题进一步复杂化了。冈比西斯是波斯帝国第二任国王，当时波斯已经统治了广袤的区域。冈比西斯在任期间还征服了埃及，但他极为暴戾，特别喜欢挑战各类习俗，以至于当时的人都认为他疯了。

　　检视希罗多德对冈比西斯嘲弄习俗事例的叙述，可以发现，习俗大致可以分为三类。第一类是被冈比西斯和波斯帝国征服地区及群体的习俗。比如在埃及，人们会把一头不再能够受孕的母牛所生的牛犊阿皮斯（Apis）奉为神，因为按照埃及

08 习俗为王：价值相对主义的困局

人的信念，母牛是受天光感孕而生下阿皮斯，而阿皮斯通常有一系列外貌特征，如通体乌黑等。一旦阿皮斯在埃及出现，埃及人则要身着盛装，举办盛宴来庆祝。冈比西斯从埃及祭司那里得知这一习俗后，并没有表示出理解或是尊重，而是在祭司带着阿皮斯前来见他时，拔出自己的短剑刺向阿皮斯，扎到它的腿上，并说："你们这些愚蠢的人，这有血有肉能被剑刺的算什么神？也就是埃及人才信这种神。"说完后还鞭打了祭司，并下令全埃及不许再庆祝该节日。同样在埃及，冈比西斯还在萨依斯城（Sais）做了一件明显违背埃及习俗的事情。冈比西斯进入埃及之前著名的统治者阿玛西斯（Amasis）的王宫，下令将阿玛西斯的尸体从坟墓中抬出，对尸体进行了各种形式的凌辱。此外，希罗多德还列举了冈比西斯其他类似的嘲弄习俗和神圣礼仪的事例，比如，"进入赫淮斯托斯神庙，并且大肆嘲笑那里的神像……进入卡贝利神庙。原来这个神庙除祭祀以外，是不允许其他人进去的。而他不仅对神像大加嘲弄，而且放火烧掉了这些神像"[1]。从希罗多德摘选的这些事例来看，冈比西斯是故意违背像埃及这样的被征服群体的习俗，有意嘲弄和挑战各个地区最神圣的事物，并且要让这些地区的人看到自身长期奉行的信仰被摧毁的后果。冈比西斯的这些行为是在波斯帝国

---

[1] 希罗多德：《历史》（第三卷），徐松岩译，上海人民出版社2018年版。

框架下进行的,当发现被征服地区各种不同的信仰和习俗后,冈比西斯并不认为各个群体的神具备真实的神圣性,反而是以最极端的方式进行嘲讽。

庞大的帝国为冈比西斯打开了一个跨越地区和族群的视野,而多种习俗和神圣性的出现,或者说习俗的相对性的事实也使得他不仅质疑被征服地区的传统信念,还开始挑战波斯自身的习俗和神圣性,而这就是冈比西斯违背的第二种习俗。在冈比西斯凌辱阿玛西斯的尸体时,最后他下令焚烧阿玛西斯的木乃伊。希罗多德对此特别加以评论,说焚烧木乃伊的行为不但违背了埃及的习俗,而且也违背了波斯的习俗,因为火在波斯人看来是神,在任何情况下人的尸体都不能给神。从这件事可以看出,冈比西斯实际上也并不把波斯自身的习俗当真。

冈比西斯对习俗的第三种挑战形式则为改变或是创设波斯的成文法。冈比西斯爱上了自己同父同母的亲姐妹,并且想娶其为妻,但是波斯人并没有娶自己姐妹为妻的习俗。冈比西斯便召集王室的法官,问他们是否有那么一条波斯法律允许兄妹结婚。依照希罗多德的说法,这些王室法官掌管对波斯法律的解释,并能判定行为正当与否。面对冈比西斯的这一要求,他们并不能从波斯既有的法律中找到允许兄妹结婚的成文法律,但又害怕说真话给自身招来杀身之祸,便对冈比西斯回复道:"我们发现了另外一条法律,波斯人的国王可以做他愿意做的任何事情。"得到了这个回答之后,冈比西斯娶了自己的两个姐妹。在这个事例中,冈比西斯明确要挑战和创立新的波斯习俗。

作为波斯帝国的国王,冈比西斯统治着从中东到小亚细亚、从埃及到黑海的广大疆域。当冈比西斯来到不同的地区并遇到不同的群体之后,他注意到自己帝国境内不同地区和族群的习俗大相径庭。最初,他意识到习俗的相对性,但他并不愿入乡随俗。恰恰相反,他还不断嘲弄被征服地区最为神圣的习俗与崇拜,使得被征服的族群认为他像疯子一般。而一旦洞悉了习俗的相对性和人为性后,冈比西斯也进一步意识到波斯自身的习俗不过也是世界上众多习俗之一,在本质上与埃及等地区的习俗无异,进而便开始挑战波斯自身的习俗和成文法。冈比西斯的这些故事背后,指向了一个重要的哲学问题,那就是价值都是相对的,世界上可能没有普适的客观价值准则。

习俗和自然

关于习俗背后是否存在客观标准这一问题,仔细想来其实并不容易回答。还是以粽子为例,为了维系一个北方家庭和谐的价值观,我不得不承认甜枣粽是正宗的,但是我的口舌和肠胃却很真实地提出抗议:"我要吃咸肉粽。"好像在习俗背后,有一个更"自然"的身体在向我证明,习俗不是最高标准,在习俗之上是存在真理的,那就是咸肉粽更符合人体的自然需求!面对身体诚实的声音,我的脑袋却不敢承认。因为可能咸肉粽只是适合我这一个人的身体需求,对于其他偏爱咸肉粽的同道中人,我并不能确定他们究竟是出于习俗的规训还是遵循了身体的自然。

自然和习俗真的是截然对立吗?有人提出了不同的意见。比如达尔文(Darwin),除了《物种起源》,他还写过一本书叫《人类的由来》。他认为自然选择本身使得人类发展出一些社会本能,比如说同情心等,它们能够使人类作为一个整体变得更加强大。类似地,社会生物学家威尔逊(E. O. Wilson)也认为,人之所以会形成现有的习俗和道德信念,并不是人为及后天的发明,而是有其生物学的基础。[1] 在他看来,人的习俗观念和生物的进化逻辑是类似的,各种生物为了在生存竞争中存活,经过漫长的进化筛选而具备了不同的生理构造。同样地,人的习俗或者道德观念也服务于人的生存竞争。比如近亲繁殖生育的后代生理或智力有缺陷,而这些后代自然不利于生存竞争,所以人类将乱伦视为禁忌。这样一来,习俗和自然也就不

---

[1] [美]爱德华·威尔逊:《知识大融通:21世纪的科学与人文》,梁锦鋆译,中信出版社2016年版。

08 习俗为王：价值相对主义的困局

是截然对立的，它们也携手并肩发展。这种解释的确有助于我们理解很多古老的习俗，特别是那些能够影响人类生存的习俗；但是对于其他更多的习俗，似乎无法全部由人的生物性来解释，就像基因无法完全决定对自我的理解一样。

如果生物学不能完全解决习俗和自然如何统一的问题，也就是说，如果习俗背后没有那么明显的生物学标准，那么一个麻烦的问题就来了，是不是每一种习俗都值得被尊重？就像我开篇讲到的两个例子一样，咸粽子和甜粽子是否都有同等的价值？对待逝去亲人遗体的不同处置方式在价值上是否也是平等的呢？近些年在美国兴起一种重要的思潮，叫"多元文化主义"（multiculturalism），它认为，因族群、国籍、宗教等差异而形成的每一种文化都有同等的内在价值，不同的文化和生活方式并没有高低之分，都需要被平等对待，并且每一种文化都有权利根据其特殊性来要求相同的政治和社会制度保障。这种思潮实际上是认定每种文化都有很强的人为性，都缺乏自然基础，可以说大家都一样，谁也别说自己比别人高级。但是，不再用"自然"来评判习俗，也会带来一个严重的后果，那就是不存在一种确定的标准来为不同的文化打分排名。没有高低优劣了，我们就生活在一个相对主义的世界中，这样生活也行，那样生活也可以，无数的习俗不分高低，其实等于生活没有了标准。

没有标准怎么行？对于相对主义，从古至今有很多反对者。

如果我们让柏拉图来回答这一问题的话，他会说不同的习俗就好像不同的洞穴，在每个洞穴里会有不同的影子。换言之，习俗是人为设定的，无论是历史传承下来的习俗，还是借鉴或模仿来的习俗，都是源自人的创造和设定。在洞穴外，有一个真实的世界，它就如其所是的那样存在着。柏拉图教我们要去追寻自然生活，不要不动脑筋地待在习俗之内。哲学家们希望为人为的东西找到一个客观标准，希望找到世界的本性和人的本性。"本性"这个词在英文中是"nature"，也就是"自然"，所以，"自然"一词便成为人类对标准的设定。"自然"这个词的意思实在太多了，因为它背负着给人带来确定性的重任。

接下来我们具体看看"自然"里面有什么讲究。首先，"自然"这个词以自然界的含义给人类带来了标准。在古希腊，有人就明确提出，既然不同族群的习俗差异较大，并且每个群体都觉得自己族群的习俗是最好的，那么就习俗的层面来讨论好坏是没有意义的。人应该离开人为设定的世界，放眼自然界。既然人是动物，那么也应该按照更广泛的自然界的法则来安排人的秩序。在自然界中，动物是弱肉强食的，那么人也应该根据力量的原则来制定人间秩序。根据这种观点，"自然"或者说"自然界"就成为一种应然的理想状态，同时也是客观的标准，来衡量人类的现实安排。所以，对于人和人类组织来说，生活得越"自然"越好。这意味着在国家内部应该由最有力量的统治集团掌权，而在国际社会中，大国可以凭借自己的实力去欺负和蹂躏别的小国。今天，虽然还有国家和军阀在践行着这种自然界的自然法则，但对大多数现代人来说，这种自然观属于"**丛林法则**"，但它过于野蛮，在这样的法则下，人几乎与禽兽无异，远离教化与文明。

与"自然"的第一种理解相对，"自然"的第二种理解方式是把"自然"或"自然状态"理解为一种完美的理想状态。比如法国哲学家卢梭就认为，人类越是现代，就越远离自然的理想。自然状态是否真的存在过或者未来是否会存在都不重要，但是我们需要它作为一种理想原型来评价我们的现实境遇。根据这种自然观或自然状态观，原始状态是一种美好的状态，无论这种状态是自发产生的，还是某个造物主创造的，都是最好的。在这之后，人类出现了，繁殖、生长，靠技术和习俗过一种人为的（artificial）生活，这就注定了人类生活在本质上是违反自然的，或者是愈加远离"自然状态"的。无论是希腊神话对"黄金时代"的想象，还是《圣经》描述的未受侵染的伊甸园，实际上都是给自力更生的人类设定一个堕落之前的理想原型，而一旦背离了这个自然，人越接受教化则越堕落。

但是，关于第二种理解，如果你仔细琢磨，也会发现问题。人类之外的自然很多时候只是存在着，很难为它打上理想或善恶的标签。比如，对于火来说，水很糟糕，因为水能灭火,但是对于水稻来说,水又是很好的,可以给它的生命带来滋养。这就有了第三种对自然的理解:自然而然。荷兰哲学家斯宾诺莎(Spinoza)曾指出,自然的好的东西就是能使它按照原有的样子继续存在的东西,自然的坏的东西就是阻碍或破坏它原有存在方式的东西。《道德经》中也有句著名的话,叫"天地不仁,以万物为刍狗",中国古代哲学家王弼对此的解释是"天地任自然,无为无造,万物自相治理,故不仁也"。[1]这就是说,自然自有其规则,不会妄加干涉,万物自行走过自己的过程。那么,人类作为自然的一部分,首先要确定的是:人对于自然而言是什么样子的?顺着这个理解,人给自己建立文化、习俗和各种生活方式,这本身就是"自然"的,或者说,符合人类的自然本性。恰恰是基于对"自然"的第三种理解,人类的各种习俗才有了合理合法的位置。一旦"自然"不是确定的弱肉强食法则,也不是一种设定的理想状态,而是自然而然的含义,那么对于各种习俗——无论这些习俗纯粹是人为制定的,还是说夹杂着生物性的基础——优劣的评判就会自然浮现。那么,如何在纯粹习俗的领域建立标准和原则呢?这种想法本身会不会是徒劳的呢?

---

[1] 王弼:《老子〈道德经〉注》,楼宇烈校释,中华书局2011年版。

08 习俗为王：价值相对主义的困局

分层的习俗

在人类的生活中，不同习俗的分量并不一样。比如，吃一个甜枣粽对我来说，虽然不是特别愉悦，但并不会对我造成多大的伤害。但是，对一个群体来说，选择主奴式的统治方式还是选择人民民主的政治制度，那差别就非常大了。所以，在人类构建的各种习俗中，有一些明显是更为重要的，与这些习俗相关的议题自然也更加关键。显然，涉及所有社会成员的习俗，比涉及一部分社会成员的习俗更重要；涉及生死问题的习俗，比涉及口味问题的习俗更重要；涉及伤害性更强的习俗，比无伤大雅的习俗更重要。由此，习俗必须分层来评判。

第一层的习俗是社会文化意义层面的，无论是多元文化主义还是文化相对主义，都主张一旦具体的习俗被社会主流接受，那么它们就是有理由被遵循和尊重的。需要强调的是，这些习俗也有可能处在不停的发展和演变过程之中。对于社会文化意义层面的习俗，多元文化主义会有利于宽容的社会生活形态，同时也会在面对一些议题时呼唤对根本原则的考问。比如，美国社会经常讨论的堕胎权的问题、同性是否能够结婚的问题等，这不仅仅是社会习俗，背后还关涉对什么是人的自然，以及对习俗背后的宗教传统的理解。

第二层的习俗是政治制度层面的，这也是人类社会的一个永恒主题。人类社会是否存在一种最好的政治秩序安排？这一问题既是历史性的问题，也是同一时段全球性的问题。人类曾经有过许许多多不同类型的政治体，如希腊的城邦、罗马的共和国和帝国、中世纪的王国和神圣罗马帝国、现代的民族国家，以及传统的王朝政治等；放眼全球，还有些国家政权有很强的宗教色彩，有些国家则被军阀控制着。人类社会究竟是否存在理想国呢？在现实世界中，一些国家虽然都属于欧美世界，但它们的政治制度差异却很大，有的国家中总统的行政权力很关键，对于国家有实质性的影响力，有的国家权力则主要在议会。在思考政治制度层面的习俗选择时，虽然不同国家的具体制度有差异，但总体上仍能找到一些根本性的原则，比如人民应该是政治主体，要保障人民的人身与财产安全，或者说全心全意为人民服务应该是政治权力和主权者努力的核心目标。

第三层的习俗是信仰层面的，关乎人的精神安顿。人类的生活不仅仅依靠物质，而且也依赖精神的支持。人生在世最终都要面对死亡，如何克服死亡带来的虚无感以及赋予有限的生命以意义，是人类的永恒问题。针对这一问题，既有宗教的答案，如唯一神教对灵魂拯救和天堂的许诺等，也有科学的解释，如将人视为基因信息的传递者等。第三个层面的习俗严格来说是诸神之争。因为人从根本上来说并不知道死后的世界究竟是否存在，或者是什么样子的，但是对不同的彼岸世界的信仰或唯物主义的世界观会对此世的社会和政治生活产生直接的影响。当然，在信仰层面，我们也能划定一些底线，如不伤害人的生命等，超出这些底线则会被视为邪教。

面对不同层面的习俗，哲学思考则会永不停息地试图寻找它们背后的标准，给人类带来更多的确定性。对于这三个层面的问题，我们必须更加严肃、认真地对待，因为它们不只是关乎个人的口腹之欲，更是关涉人类社会的根本性议题，我们也会在后面逐步展开对这些问题的讨论。

延伸阅读

张新刚：《古希腊思想通识课：希罗多德篇》，湖南人民出版社2021年版。

［美］爱德华·威尔逊：《知识大融通：21世纪的科学与人文》，梁锦鋆译，中信出版社2016年版。

［法］马克斯·韦伯：《学术与政治》，钱永祥译，广西师范大学出版社2004年版。

09
考问好人：道德与义务的理由

09 考问好人：道德与义务的理由

引 子

我的父母以前特别爱看山东卫视的一档节目，叫作《道德与法治》。看名字你们就知道这个节目讲什么了，基本都是讲述纠缠在情与法之中的各种案件。这个节目的名字起得很有水平，因为它首先将道德和法治做了区分，然后又把它们联系在一起。那么道德与法治究竟是什么关系呢？法律学者会说：法律是对人最低的道德要求。也就是说，法律防止你作恶，而道德则为人设定了更高的要求。那么善恶本身又是基于什么标准评判的呢？比如，任何国家的法律都会规定杀人是触犯法律的，那么杀人是否就是绝对的恶呢？比如，杀害恐怖主义分子是不是作恶呢？有人在处决恐怖分子的时候，故意把恐怖分子的后代也杀了，这是否该被谴责呢？这些问题听起来像是一些思想实验，但我们的确也会在现实生活中遇到；这些问题看起来是在质问什么是善恶的标准,实际上是在追问人类道德规范的由来。每个人从小就被教育要做一个符合道德标准的好人,但在成为好人之前,必须首先回答以下问题,那就是:我们为什么要做一个好人?怎么做一个好人?关于道德和义务的理由,最为通俗的解释是采用传统主义的方案,而在道德哲学领域则有三种最具代表性的解释范式,分别是后果论、义务论、德性论。下面我们就来讨论一下传统主义与三种方案。

传统主义

关于如何做一个好人,我们并不乏答案。比如我们走在城市的道路上,宣传社会主义核心价值观的张贴画随处可见,甚至在某些角落还能看到"二十四孝"的宣传图。每个时代的共同体实际上都有对"好人"的特定理解,至于背后的原则,主要来源于传统和某种超越性价值。

所谓的传统就是每个共同体的历史渊源,在历经成百上千年的演变后,在某个特定共同体内逐步形成了一套基本稳定的价值观念。这套价值观念一旦形成就会像绝对律令一样规定和束缚共同体成员的价值判断。具体来说,这些道德规范,甚至都不是后天习得的,而是我们一来到这个世界就开始潜移默化地被父母和周遭的人所影响，从而去模仿他们的言行举止。父母也会非常直接地教导我们，比如要尊敬师长，不说脏话，不骗人，等等。我们并不需要知道这些道德规范背后的道理，就会非常忠实地遵守这些规范。

如果要进一步追问这些道德规范的由来，那么可以将之归为历史的演进本身，但什么是"历史的演进"呢？那就是特定人群在时间中代际经验的累积，这些积累的经验都会参与塑造人们的道德规范，当然这些规范随着时间的变化，会遭遇内外的挑战，从而有所变更。传统的律令可能以两种方式作用于我们：一是政治权力的规定，通过法律或其他方式来鼓励或禁止某些行为，塑造我们的日常道德规范；二是未成文法则，即那些我们从小到大日用而不知，不遵循虽不至犯法但却会遭受谴责的法则。

另一种传统主义道德来源于超越性价值，即与宗教、神有关。如果你看过基耶斯洛夫斯基的电影《十诫》或是大卫·芬奇的《七宗罪》，你会对来自神的诫命有很深的印象。在《旧约》中，上帝曾向摩西颁布十条诫令，包括不可杀人，不可奸淫，不可偷盗，不可作假证陷害人，不可贪恋别人的房屋、妻子、财产等。这些规定是来自神的绝对命令，上帝是这些道德原则的制定者和推行者，人类无须知其原因，只要遵守履行即可。当然，这背后还会有一系列复杂的命题，比如，接受神的命令是否预设了神本身是善的呢？还是说神是绝对的超越性存在，人并不能用自己所认知和接受的善恶来界定上帝？如果神是全知全能全善的，那么世界上为什么还会有恶的存在？这些问题将导向神学领域的讨论。如果回到我们所关心的道德议题，上帝的绝对命令还留给我们很多需要解决的疑难。

比如摩西十诫中有不许杀人的诫命，那有些人会提出，是否可以正当防卫呢？或者有人出于癫狂而对别人造成威胁的时候，别人是否可以杀了他呢？不信神的人是否可以不遵守这诫命呢？再有《旧约》中还记载了很多其他命令，如《出埃及记》中说，咒骂父母的，必要把他治死。[1] 这个命令是否要普遍遵守呢？这些不只是教义或《圣经》理解的问题，而是需要给出关于道德规范的更为融贯的系统解释。

对于历史传统以及超越性存在所规定的道德规范，我们可以将它们统一视为某种类型的绝对命令。对于传统权威、政治权威和宗教权威来说，现有的道德规范被切实地遵守是第一位的，这些道德法则越少被质疑，权威就越安全。但是，对于具有理性能力的人来说，最自然的是要询问这些道德法则是否合理，以及人是否应当仅仅因为某些规范出自权威就去遵循。我们需要从接受既定的原则往前迈一步，探究道德

---

[1] 《圣经·旧约·出埃及记》21: 17。

的正当理由究竟是什么。既有的绝对道德命令可能是符合道德的理由的,但也有可能是不符合的,无论如何,这一切都需要被重新评估。

后果论

第一种理由是后果论,就是根据行为的后果来证明道德上的善恶,意思是说你之所以要做一个有道德的好人,是因为它能给你带来好的结果。这种主张的代表学说是功利主义,讲得最在理的是边沁(Jeremy Bentham)[1]和密尔(John Stuart Mill)[2]。你一听到"功利",很容易把后果论想成自私自利,以自我为中心,但这并不是"功利"的真正含义。"功利主义"的"功利"其实是幸福,是快乐减去痛苦的差额。所以,在功利主义者看来,做个好人、做个有道德的人之所以是正当的,就在于有道德地做人做事能让你快乐和幸福。

那凭什么有道德地做人做事就能带来幸福呢?功利主义从

---

[1] 边沁,英国功利主义哲学家、经济学家、法学家,对19世纪思想改革有显著影响。
[2] 约翰·密尔,英国著名哲学家、心理学家、经济学家,19世纪影响力很大的古典自由主义思想家,支持边沁的功利主义。

个人和群体两个角度给出了理由。从个人的角度来说，边沁认为每个人会出于快乐的计算来选择行为方式，只要快乐大于痛苦，或者长时段的快乐大于短时段的痛苦，那么就是可行的。因此人为自身而活并没有什么问题，人可以既不为了他人牺牲自己，也不为了自己牺牲他人，而是将实现自身幸福作为自己最高的道德目的。

但是一种快乐跟另外一种快乐是不一样的，喝酒的快乐和看哲学书的快乐就不一样。于是密尔就又给边沁的原则补了一条，那就是快乐不仅有数量的差异，而且还有质量的差异，有些快乐更加高级，有些快乐就低级一些。所以密尔有句名言："做一个不满足的人胜于做一只满足的猪，做不满足的苏格拉底胜过做一个满足的傻瓜。"[1]

人为了自己的幸福，自己计算怎么做合适，这没问题，但是，这种人是不是就是损人利己、自私自利的人呢？不是。因为功利主义所说的幸福不是以一个人的幸福为标准，而是以全体的快乐为标准。

因此，从群体的角度看，快乐也是可以计算的。一句话来概括就是，要做让最大多数人感到最大幸福的事情。按照这个标准，我们做任何事情前都应该先问问自己：我面对的问题，

---

[1] ［英］约翰·密尔:《功利主义》，戴家琪译，上海译文出版社2020年版。

09 考问好人：道德与义务的理由

有几种可能的行动方案？然后，每种行动方案会影响到哪些人？在这个基础上，计算每个个体在这一方案里的幸福量，然后再把所有个体的幸福量相加，最终决定哪种行动的幸福指数最高。

问题是怎么计算幸福量呢？边沁的方法是把幸福的强度、持续时间、幸福出现的概率、幸福和行动的亲密程度、行动的后续效果等进行道德微积分计算。边沁的这套幸福哲学，简直不亚于今天打工人面临的KPI（关键绩效指标）考核指标。但是，可以看出这套复杂的计算并不旨在某个个体的最大幸福，而是群体性的最大幸福。

经过这些解释，我们看到追求后果的功利主义其实具有高尚的原则，因为它追求的是大家一起好。不过，"最大多数人的最大幸福"这种哲学观点虽然听起来非常有道理，但缺点也非常明显。因为它要把每个人都当成平等的人加以量化计算，然而问题也往往出在人的平等上面。著名的思想实验"电车难题"就是在挑战功利主义所给出的理由。"电车难题"简单说来就是，你是一位正在驾驶着电车前进的司机，在拐过一道弯之后，发现有五个铁路工人在对铁轨进行检修。为了不撞上这几位工人，你立马拉闸，但发现刹车失灵了。就在此时，你看到铁轨上有一条向另外一边的分岔轨道，你可以变换轨道从而避免撞上五位工人。但是，另外一边的轨道上刚好也有一位工人，如果你临时换轨就会撞上他。那么，你应该变轨吗？按照功利主义的理论，轧死一个人比轧死五个人的痛苦要小，并且还多出四个人得以幸存。但是，你一旦转向，就意味着你要主动杀死在另一条轨道上的那个人，而如果电车沿着原来设定的轨道前进，那个原本与这辆失控的电车无关的人就可以保全性命。因此，你在这个选择中实际上是主动杀死了一个人，你需要为分岔轨道上的人的死亡担负责任。不仅如此，电车难题还有第二重复杂挑战，即哪怕是数人头的计算，但轧死的也是活生生的人，而不是花花草草，难道人的生命是能够计算的吗？是否可以为了集体的共同善而漠视个体的合法权利呢？

义务论

说到这儿，我们可以看道德的第二种理由了，就是康德的义务论。康德非常反对用结果来界定道德，在他看来，道德原则是绝对命令，只不过这个命令不是来自上帝的"十诫"或者是社会强加给我们的律条，而是来自我们自己。人不需要诉诸外部的权威，只要运用自己的理性能力，就能够断定什么是对的，什么是错的，这跟行动的结果没有关系，而只是跟原则是否合乎理性有关系。

09 考问好人：道德与义务的理由

那么问题来了，合乎理性是个什么标准呢？其实说起来很简单，这个标准就是，如果你在行动时遵循某一原则，并且希望它成为普遍的法则，这时合乎理性的标准就诞生了。再翻译一下，就是说你做一件事的时候，要问一下自己："如果大家都这么做会怎样？""你是否真的希望每个人都像你这么做？"

举个例子，假设有一天我突然遇到重大变故，急需一大笔钱，但我肯定是没有能力偿还的，这个时候我走到朋友们跟前，说能否借给我一笔钱，我三天后就还。很明显，我欺骗了他们，因为我并没有能力偿还，但是为了自己的利益，还是说出了欺骗的话。这时候，康德突然幽灵般地出现了，他一脸严肃地对我说："你可要想清楚，如果每个人都在借钱的事情上撒谎，这个世界上就不再会有人借给别人钱了。"我转念一想，道理的确是这样。所以，我如果还这么做，那就是不道德的，也是不理性的了。

但是，按照这种道德原则行事也会有它的问题，比如一个纳粹分子想杀掉所有犹太人，这是否符合道德原则呢？所有纳粹分子的确把屠杀犹太人的具体行为提升为了普遍法则，如果按照康德提出的义务论的标准，那这种行为对他们来说就应该是道德的。但是，康德并不支持种族屠杀，也完全不认为纳粹分子所期待成为普遍法则的屠杀是道德的。因为康德的义务论还有第二个要求，那就是人是目的而非手段：在行动中，任何

139

时候都不能把人仅仅当作手段，而总是要把人当作目的。把人当作目的就意味着人有其内在价值，而不只是工具性的价值，这就要求把人当人看。

在康德看来，不能依照功利主义的幸福指标来判断是否道德，而是要将善的意志（good will）作为具有内在价值的标准。康德说："在这个世界内，甚至在世界之外，除了善的意志，不可能设想任何东西能够被不加限定地视为善的。"[1] 一个好人做善事是为了善本身，而不是为了得到什么回报。这就是康德对道德的看法：道德是一种绝对的命令，是在承认人的内在价值的基础上，能够上升为普遍原则的法则。康德的义务论可以总结为康德所使用的一个哲学术语：定言命令。根据定言命令的规定，符合道德的行为原则一来是可普遍化的，二来是可逆的。可普遍化比较容易理解，即道德是合乎理性的原则，并且不存在具体时空的限制，要把个人的每一个行为都提升为普遍法则去思考。可逆是指人要设身处地地去思考，你想要别人如何对待你，那你就应该如何对待别人。

但康德的原则太抽象了，而现实生活很具体。比如康德就认为自杀是绝对不能上升为普遍法则的，这是不道德的，更不用说协助人自杀了。但是在现实世界中，情况可能要更为复

---

[1] ［德］康德：《康德全集·第四卷·道德形而上学的奠基》，李秋零译，中国人民大学出版社2013年版，第393页。

杂。比如说一个常年被病痛折磨且没有任何被治愈可能的人，央求家人停止对他的治疗，于是家人同意了这一请求，带他去瑞士接受合法的安乐死，让他不再遭受非人般的折磨。那这样一个行为对于病人及其家人而言，会不会也是一种对个体生命的尊重方式呢？所以，道德义务不仅关涉抽象的所有人，更关涉具体的人。

德性论

不管是功利主义还是义务论，对做一个好人给出的理由都有缺陷，那我们再来看看第三种理由，我们可以把它叫作德性论。这是西方哲学中最早的关于道德的讨论，来自我们的老朋友古希腊的亚里士多德。"德性论"这个术语背后讲的道理是什么呢？简单地说就是，道德的目的是过上幸福的生活，而只有充分发挥出自己灵魂德性的人，才是幸福的人、道德的人。[1]看到"幸福"二字，你们可能会将其与功利主义联系起来，但德性论和功利主义完全是两回事，因为德性论注重幸福，但重点不在行为的后果，而是认为幸福在根本上是合乎德性的

---

[1] ［古希腊］亚里士多德：《尼各马可伦理学》，廖申白译注，商务印书馆2003年版。

生活。

我们先来看看什么是幸福。在古希腊语中,幸福一词叫"eudaimonia",这个词很难翻译,最理想的英文翻译是"well-being",我们可以称之为"善在"。在亚里士多德看来,事物是有其独特的功用的,比如你之所以会将一把锋利的菜刀称为好菜刀,是因为这把菜刀能够很好地展现菜刀的功能。人也是一样,如果我们把某个人称为有道德的好人,则是因为这个人能够充分展现出人之为人的德性。就像一颗种子最终长成大树,只有充分实现了人的潜能和能力,人才是拥有德性的人。

亚里士多德认为人应该具备很多种德性,但总体上分为两种,一种是理智德性,像智慧等;另一种是道德德性,这就包含比较多的内容,像勇敢、慷慨、节制、温和、友爱、公正、机智等。对亚里士多德来说,道德德性很重要的标准是中道(有些类似于中庸之道),要避免过度和不及,就像射箭要射中靶心一样。道德德性并不是靠念书就能获得的,而是要通过行动来学习,需要实践的智慧。在这一点上,亚里士多德提前回应了我们这个时代的一个困惑,那就是"为什么懂得很多道理,依然过不好这一生"。因为道德教育需要在实践中进行,而不只是学习书本上的知识。

根据德性伦理学,人并不是天生就具有道德的,而是需要通过不断地练习来习惯化,让习惯成为人的第二天性,最终让人具备稳定的德性品质。"纸上得来终觉浅，绝知此事要躬行"，人只有通过亲手造房子才能成为建筑师，只有通过不断地弹琴才能成为好的演奏者。同样地，人也只有通过做正义的事，才能变得正义，只有通过做勇敢的事，才能变得勇敢。亚里士多德认为道德德性最终还是有道理可循的，虽然那个道理不像数学那么精确。

在现代世界中，仍旧有很多人追随亚里士多德的步伐，因为无论是古人还是现代人，作为人总是要处理特定领域内的事务。比如人有家庭和社会角色，需要交易中的公平保障，需要朋友等，虽然古代和现代的生活场域发生了很多改变，但人所要面对的问题却有很强的一致性。有一些当代的哲学家也会从实现幸福完满的生活出发，回头看人需要哪些德性，以及实践这些德性所需要具备的能力，如拥有健康的身体，需要能够进行想象和思考，需要生活在与他人的关系之中，需要控制周遭的环境，等等。而现代国家和社会有义务给个人提供拥有这些能力的保证，以便能够让每个人都通过自身的努力，具备过上幸福生活所需的各种德性。

我在这一章节主要讨论了做好人的三种理由：功利主义认为，有道德的人就是要让幸福最大化，在群体中就是要让最多数的人获得最大幸福；义务论认为，有道德的人需要实现两点，一是把任何一个原则都提升为普遍原则，二是将人当作目的本身而非工具；德性论认为，幸福仍是人的总体目标，为了实现幸福，人需要具备某些特定的德性。

延伸阅读

［英］乔纳森·沃尔夫：《道德哲学》，李鹏程译，中信出版社 2019 年版。

邓晓芒：《康德〈实践理性批判〉句读》，人民出版社 2019 年版。

徐向东：《自我、他人与道德》，商务印书馆 2007 年版。

10
辨析正义：
弱者的武器还是强者的利益？

10　辨析正义：弱者的武器还是强者的利益？

正义是强者的利益吗？

在上一章关于道德问题的讨论中，我们介绍了道德规范的多种来源，但是无论哪一种道德哲学都不会摒弃道德原则，即不会觉得做个好人是需要讨论的事情。但如果进行更为大胆的追问：道德是不是必要的？或者说，道德是不是虚伪的？又或者，如果一个人拥有足够大的权力和能力，以至于能够确立道德规则，那对他而言，正义和其他道德原则是否就是在实现自己的利益呢？这个质疑并不是我最先提出来的，最早可追溯至柏拉图的《理想国》。

在《理想国》中，对话的主角苏格拉底跟人讨论的主题就是正义。有些年长的人认为正义就是欠债还钱；年轻的人则秉持正义就是帮助朋友、伤害敌人的观点。这些也都是当时人人都认可的正义观，但它们都被苏格拉底非常轻松地反驳回去了。但是，有一个人提出的正义观却让苏格拉底非常困扰，这个人叫色拉叙马霍斯，他是古希腊的一位智者。智者就是城邦里有智慧的人，他们靠在城邦里教年轻人智慧，特别是教授修辞术来养活自己。

对于正义，色拉叙马霍斯是这样对苏格拉底说的："正义是强者的利益，而强者都是城邦的统治者，所以正义就是统治者的利益。"[1] 色拉叙马霍斯的逻辑是，强者在城邦中凭借自己的力量成为统治者，而统治者的统治必定是为了维护自己的利益；为了实现这个目的，统治者便把自己的利益用法律的方式确定下来；这样一来，统治者制定法律，让被统治者服从，然后告诉被统治者：遵守法律就是遵守正义，违背法律则是违背正义。根据这个逻辑，被统治者一旦服从法律的规定，就是服务于统治者的利益；而他们若胆敢违犯法律，则是挑战统治者的利益。所以，对于被统治者来说，做一个正义的人对自己实际上没有任何好处，因为它只是为统治者的利益服务而已。

在色拉叙马霍斯看来，法律代表的仅仅是统治者的正义，正义的本质就是强权。这个说法的确足够直白，毫不掩饰地表达了他所认为的正义的根本性质。色拉叙马霍斯严格坚持了强权原则，摆出一副"我是流氓我怕谁"的姿态。但是，仔细一想，他的正义观是不完整的，在他这里，只有被统治者才有正

---

[1] ［古希腊］柏拉图：《理想国》336b—354c。

义与否的问题，而一旦我们继续追问，统治者这么做是正义还是不正义呢？色拉叙马霍斯就很难回答了。

所以，色拉叙马霍斯拆穿了法律的虚伪，提出了具有颠覆性的正义观，但却没有给出融贯的定义。因此，我们需要继续追问：法律本身的正义如何判定？什么是正义以及正义的生活是否值得选择？

正义是值得选择的吗？

在《理想国》中，这个讨论继续进行。柏拉图的兄弟格劳孔提出来一个更极端的看法，用一句话概括就是，法律代表的是弱者的正义，而正义是不得已而为之的。[1] 这听起来并不容易理解，我们来具体看看格劳孔的主张究竟是什么意思。

先来解释一下"法律代表的是弱者的正义"这句话。格劳孔说，我们日常所持有的正义观，其实是弱者的正义观。此话怎讲呢？他说，在现实世界中，人们会有互相伤害的经验。当自己伤害过别人，也被别人伤害过以后，我们就会发现自己被伤害的痛苦，要远远大于自己伤害别人的痛苦。但并没有哪个

---

1 ［古希腊］柏拉图：《理想国》357a—361d。

人拥有足够强大的能力，以使他能够只伤害别人，而自己不受伤害。于是，人们在计算了得失之后，便约定彼此不要互相伤害，并把这约定用法律固定下来，称其为正义。所以，正义的出现是因为约定方都是弱者。

那么，"正义是不得已而为之的"，这句话又是什么意思呢？这里有两层含义。

第一层含义是，正义是弱者为了生存而不得不屈服的游戏规则。假设有一个足够强大的人，他可以伤害天下人，而不被天下人伤害，那么他肯定不会遵守约定的正义。这种观点预设了，对于人来说，获得现实的利益是最符合人性的内在需求的，人之所以不能随心所欲地生活，不是不想，而是没有能力。为了证明这个说法有道理，格劳孔紧接着讲了一个牧羊人的故事。古时候，在小亚细亚有一个名为吕底亚的王国，国王有一个牧羊人，叫巨吉斯。有一天巨吉斯正在放羊，突然地震了，地上震出了一个巨大的地穴。巨吉斯便走下地穴，发现洞穴中有一具巨人的尸骨，在巨人的手指上还有一枚戒指。出于好奇和贪婪，巨吉斯把那枚戒指摘下来，戴到自己手上。不久之后，到了例行向国王汇报情况的日子，牧羊人巨吉斯就戴着戒指去集会。巨吉斯坐下之后，开始摆弄戒指，结果发现了这枚戒指的魔力。巨吉斯发现，当他把戒指上的宝石转向自己的手掌心的时候，他就会立刻隐身，别人也当他不存在一样谈论他；而当他再把戒指上的宝石转向外侧

10 辨析正义：弱者的武器还是强者的利益？

的时候，他又现身了。他知道戒指有如此魔力之后，便开始为所欲为。不久之后巨吉斯便诱惑了王后，并在王后的帮助下杀了国王，将王位据为己有。

巨吉斯的戒指实际上就象征着巨大的超能力，也就是做"坏事"也不会被发现和被惩罚的能力。格劳孔用这个故事来试图证明，人性是贪得无厌的。人们平时遵循正义行事只是不得已而为之。在这种情况下，一旦人有为所欲为的能力，那么每个人都会作恶，否则就是无可救药的傻子。

第二层含义是，正义是一种追求名声和荣誉的虚伪。格劳孔提出，可以设想有两种人。第一种人是能把不正义做到登峰造极的人，他的手段炉火纯青，以至让其他所有人都觉得他是个正义的人。所以，这个人即使背地里干尽了坏事，却还是赢得了正义的名声，一辈子荣华富贵，还被人敬仰。庄子也有过类似的话："彼窃钩者诛，窃国者为诸侯；诸侯之门而仁义存焉。"[1] 第二种人则恰恰相反，他实质上是正义的人，按照正义的要求严格要求自己，在外人看来简直像个傻子，但他背负了不正义的名声，终其一生都被别人诋毁误解，过着悲惨的生活。格劳孔开始进行灵魂考问：如果有这两种生活方式同时摆在你面前，你会选择哪一种呢？你会认为哪一种生活更幸福呢？想

---

[1] ［战国］庄周：《庄子·胠箧》，孙通海注释，中华书局2017年版。

必大多数人会选择前者。

总体来说,格劳孔提出了关于正义的重大挑战:正义是违背人性的,人在本性上都爱慕权力、财富、快乐,人遵守正义不是因为认同正义,而是因为人没有能力做到违背正义而不受惩罚;正义给人带来的好处是名声和荣誉,但如果极致的不正义的人能够获得正义的名声,那么就可以得出结论,正义自身并不值得选择,那些正义的人不过是些好样的傻子而已。格劳孔的一席话讲得比色拉叙马霍斯还有水平,逻辑更加严谨。他提出的这些观点有理有据地颠覆了正义。但格劳孔自己也说,对于这些说法,他内心深处也很不赞同。因为在他心里,正义值得推崇、值得选择,不应该是出于迫不得已的选择,也不应该是出于贪婪和虚荣,而应该是一种纯粹、至高的追求。然后格劳孔自己却不知道如何反驳,所以,他很想听听苏格拉底会怎么驳斥这些说法。苏格拉底便开始用一本《理想国》的篇幅来给出回答,给正义一个确切的位置。

国家的正义与灵魂的正义

苏格拉底的回答是思想史上关于正义问题最有影响力的方案。总的来说,苏格拉底将国家或城邦的正义和个人灵魂的

10 辨析正义：弱者的武器还是强者的利益？

正义放在一起讨论，为正义奠定了一个全新的哲学基础。苏格拉底提出，无论对于城邦还是灵魂，正义就是每个部分各安其位，做自己最擅长的事。

苏格拉底通过考察城邦的正义来看个人的正义，所以需要先来看什么是城邦的正义。城邦中包括三部分成员，分别是统治者、护卫者和供养者。统治者就是治理城邦的人，护卫者是战士群体，供养者是城邦里的生产者，也就是供养城邦的人。统治者和护卫者并不从事具体的生产活动，而是依赖供养者阶层的产出。与色拉叙马霍斯和格劳孔不同的是，苏格拉底不认为城邦是单属于统治者的，也不认为战士群体是通过剥削供养者阶层来攫取物质利益的。恰好相反，他认为统治者和护卫者是将城邦整体的统一与和谐视为最高利益的人，统治者和护卫者应该有一定的觉悟，要为人民服务。统治者和护卫者保卫城邦的安全，为供养者提供保护，统治者和被统治者之间并不是主人和奴隶的关系。那么，在由这三部分组成的城邦中，正义就是统治者、护卫者、供养者能够各安其位，各自做自己最擅长的事情。

再说个人的正义。城邦由三部分组成，苏格拉底认为人的灵魂也由三部分组成，它们分别是理性、意气和欲望。因为人有理性，所以人可以被称为智慧的；在理性的领导下，意气能够听从理性的命令，从而让人知道在什么情况下应该害怕什么，从而安顿好自己的欲望。只要灵魂的每个部分都能各安其位，各个部分之间不越俎代庖，和谐一致，让理性统辖意气来管理欲望，从而令灵魂朝向更高的智慧，那么个人的灵魂就可以拥有良好的秩序。用柏拉图的话说，拥有这种灵魂状态的人，自己就是自己的朋友，个人的正义也就随之实现了。

在柏拉图的哲学中，正义是能够适用于城邦和个人的，二者共同的特点是由理性或智慧进行统治或领导，内部各部分各安其位，各司其职，不越俎代庖。那么这套哲学观念是如何反驳强权正义的呢？柏拉图或苏格拉底实际上将欲望以及欲望的对象控制在必需的层面，而不使其膨胀。人作为生物，自然需要满足基本生理需求，比如渴了要喝水，饿了要进食，但这需要有一个限度，即只要满足自足的生活便可。如果放纵欲望，不断追求锦衣玉食，那么在柏拉图看来，这就会使得灵魂中欲望的部分成为统治性的主导力量，从而使得灵魂失序。欲望在正义的灵魂秩序中提供必需的给养满足，而真正好的生活只有靠理性沉思才能获得，所以灵魂应该在理性的引领下朝向最高的智慧。从根本上说，柏拉图为人提供了一种新的生活方式，通过确立理性的统治性地位，从而让人过上不沉湎于物质和身体性欲望的真正美好生活。换言之，爱智慧（哲学）是比拥有功名利禄更好的生活，通过搭建起一套新的价值体系,柏拉图从根基上走了一条不同于强权正义的道路。

所以,对苏格拉底或柏拉图而言,正义不只是法律问题,而是关乎政治共同体目标以及个人美好生活的根本议题。特别是对于个人来说,正义关系到个人生活方式的选择。即便没有来世,选择正义的生活仍是有充足的理由的,因为做一个正义的人能够给人带来最重要的内在善。

作为公平的正义

柏拉图对强权正义的拒斥无疑是正确的,但是现代人却未必能接受他关于国家内部阶层的划分。在现代国家中,人民是国家的主人,主权根本上归属于人民,所以在根本逻辑上人民是自我统治。只是在具体的权力实施过程中,人民会选出一些代表来组成政府,代理统治事务,统治的目的则是保障人民的生命和美好生活。人民主权成为现代国家正义问题的终极答案,自现代以来,人民不再相信君权神授,也不能接受传统王朝的权力传承方式,人民构成唯一的政治合法性来源。

在现代国家的这一框架之下,正义问题最主要地体现在两个层面。一是由人民委托的代表或者委任的政府是否能够全心全意为人民服务。一旦人民认为自己的利益遭到侵害,公权力肆意侵害个体权利,那人民就有发动革命的权利并推翻已经不义的政府,这也是近代法国革命、美国革命、英国革命深层的政治逻辑。二是在国内的政策层面上,如何最大限度地实现国内的正义,这尤其体现在分配正义的问题上。

当代政治哲学中最具代表性的学者当属曾任哈佛大学教授的约翰·罗尔斯(John Bordley Rawls),他提出了"作为公平的正义"理论,主要关心"如何实现分配"的正义议题。在任何一个既定的国家和社会中,都存在政治制度、法律体系、经济结构和社会制度等,这些构成了社会的基本结构,而要实现一个正义的社会,就必须确立社会基本结构的原则。那么,什么才是这个基本原则呢?罗尔斯提出:"构筑社会基本结构的正义原则就是那些自由而理性的人们,在平等的原初状态之中会接受,并以此来确定他们联合的基本条件的原则。"[1] 罗尔斯构想了一个思维游戏,来找到作为公平的正义原则。

这个思维游戏就是,有一群人要坐下来共同订立一个契约,作为以后大家共同生活的规则。在订立契约之前,人们所处的状态被称为"原初状态"。罗尔斯设定,在原初状态中,

---

[1] [美]约翰·罗尔斯:《正义论》,何怀宏、何包钢、廖申白译,中国社会科学出版社2009年版,第9页。

10 辨析正义：弱者的武器还是强者的利益？

所有人都处在"无知之幕"的后面进行商谈。"无知之幕"确保了所有人不知道他们的种族、阶层、兴趣、体力和智力等各方面的情况。设定这个"无知之幕"是为了防止任何人基于自己的位置和特点来为自己争取利益。我们已经很熟悉类似的故事，比如两个人分一个西瓜，如何保证分得最公平呢？答案就是让切西瓜的人最后拿，这样就能保证公平的分配。罗尔斯设定的版本则更为复杂，因为在同一个社会中共同生活的人差别很大，甚至在相同层面的差别都有很多，要在这样一个复杂社会中实现作为公平的正义就必须设置"无知之幕"的原初状态。

在这样一个原初状态之下，虽然大家都对自己以及彼此的背景一无所知，但是每个人却都是自由而理性的人，也对自己的利益有最好的计算，目标都是达成一项能够将自我利益最大化的契约。那么，在这种设定之下，正义的原则是什么呢？罗尔斯提出了正义二原则。

第一个是平等自由原则，即每个人对最广泛的、平等的基本自由体系都拥有平等的权利，而这种最广泛的、平等的基本自由体系同所有人的类似自由体系是相容的。具体来说，社会应该赋予每个人尽可能多的自由，唯一的限制就是所有人的自由都是平等的。

第二个原则是机会的公平平等原则和差别原则，即职位和地位应该向所有人开放；社会和经济的不平等（差异）应该适合于最弱者的最大利益。第二个原则中既包含了机会平等的原则，即保障了每个人在社会上都有平等的发展机会，又包含了对结果平等的界限划定，即在承认作为结果的差异前提下，确保不平等最有利于最不利的群体。这也很容易和社会福利以及国家总体的转移支付政策联系在一起。

　　罗尔斯的正义原则和"无知之幕"实际上将格劳孔的弱者的正义原则更为具体地阐述了出来，因为处在"无知之幕"背后，每个人都不可能将自己设想为强者来构想契约。更有可能的是，人会将自己处于不利境地的情况和条件想得尽可能周全，在确保机会平等的基础上最大限度地实现结果的实质平等。罗尔斯的理论影响巨大，但该理论提出之后，便遭到同在哈佛大学任教的同事诺齐克（Robert Nozick）[1]的挑战，因为在后者看来，罗尔斯的理论实际上侵害了个体的权利。[2]

　　诺齐克的挑战很直接，那就是要捍卫自由以及基于自己合法努力获得的东西。举个例子，在NBA，每个球队都有顶薪运动员，如金州勇士队的史蒂芬·库里（Stephen Curry）在2021—2022赛季年薪高达4578万美元，而同一球队的有些球员一年

---

[1] 罗伯特·诺齐克，20世纪美国杰出的哲学家和思想家。
[2] ［美］罗伯特·诺齐克：《无政府、国家和乌托邦》，姚大志译，中国社会科学出版社2010年版。

10 辨析正义：弱者的武器还是强者的利益？

只有 100 万美元左右的工资，可见收入差距无疑是巨大的。那么问题来了，是否应该对库里征收高税负[1]，并将税收转移支付给待遇最差的球员呢？如果这么做了，那么库里作为球队乃至 NBA 的超级明星的贡献又该如何体现呢？诺齐克就提出，只要人们通过公平正当的手段来获取，并且没有侵犯到其他人的权利，那么他们就有权利自由地支配这些东西，而不应被公权力侵犯或夺走。

当把罗尔斯和诺齐克针锋相对的观点放到一起之后，你就会发现原来平等和自由其实并不容易联结到一起，二者存在着内在的紧张和冲突。那么，如何建立现代国家中的正义原则呢？更合理的情况是要在平等原则和自由原则中间找到一个平衡点，争取既能保障所有人的机会平等，捍卫每个人凭借自己努力所自由发展的结果，还能维护社会最基本的结果平等，如保证共同体成员的基本生活和医疗服务。这必将是伴随着社会经济发展而不断动态调整和演变的过程，当然，也必然和特定时空下共同体的传统与观念有关。

---

1 税负，又名税收负担率。

延伸阅读

［古希腊］柏拉图：《理想国》，顾寿观译，吴天岳校注，岳麓书社2010年版。

［美］迈克尔·桑德尔：《公正》，朱慧玲译，中信出版社2011年版。

［美］乔纳森·沃尔夫：《政治哲学》，毛兴贵译，中信出版社2019年版。

11
国家理由：自然状态与社会契约

11 国家理由：自然状态与社会契约

从普罗米修斯神话说起

在现代世界里，除了极少数的无国籍者，大部分人都生活在某个具体的国家中，而一旦有人想要离开祖国，则需要一本护照来作为今天的通关文牒。通常，我们非常爱自己的国家，在重要的场合要唱国歌、升国旗，看到奥运会赛场上升起的国旗时会心生骄傲。就国家而言，我们每天都生活于其中，但似乎并不会思考为什么要有国家。不过，哲学就是不断追问的学科，所以我们在这一章中就要反思"国家"这个概念，探究人缘何要聚到一起组建国家，以及人们为什么能够组成国家，国家和我们每个个体的关系是什么样的。这些问题初看起来颇为怪异，有人也许会说，难道人们在一起生活不是天经地义的吗？但是，在哲学的世界里，从来就没有天经地义的事。从古希腊到现代世界，各种哲学家不停地质疑人类是否有能力在一起好好生活，而最早的质疑就来自古希腊神话。

在古希腊神话里，人类原先是和神生活在一起的，但是有一次，一个叫普罗米修斯（Prometheus）的神故作聪明，在一次宴会上分配食物的时候，戏弄了最高的神宙斯，将一堆骨头上面盖了一层油脂放在宙斯桌前，而用牛肚把肉包住分给了人类。宙斯识破了普罗米修斯的把戏，便把人类打入了凡间，并且派普罗米修斯和他的兄弟厄庇墨透斯（Epimetheus）给地上的万物分配"技能包"。兄弟俩给豹子分配了速度，给老鹰分配了翅膀，等等。结果粗心的厄庇墨透斯将所有技能包分配完毕之后，发现人赤条条地站在他面前。原来，他单单把人类给忘了，但是如果他把没有任何禀赋的人就这么扔到世界上，那么人必定被其他动物消灭掉。于是普罗米修斯便用茴香枝偷来了火给人，并且还给了人最重要的本领：技术。人凭借火和技术，就能够在自然界立足，不再惧怕其他动物，甚至还能驯服动物和自然。这样，人类面对再凶悍的动物，也能够生存了。但是在解决了人的生存问题之后，新的问题又出现了。人虽然不再惧怕动物的威胁，但是人与人之间的矛盾仍然存在。人们彼此之间不能和平相处，总是在自相残杀，陷入了无休止的冲突之中。宙斯见此情形，便派自己的儿子赫耳墨斯（Hermes）给人送去了正义和羞耻心，有了这两样东西之后，人类之间就产生了友爱，从此便能够结成共同体和平地生活在一起了。[1]

这虽然是一则神话，但其深刻程度丝毫不亚于哲学论证。这则神话实际上是在讨论人类共同生活的基础问题。古希腊人是想说明，人类其实并不天然具备共同生活的天性和能力，共同体的结成需要一些特殊的政治性禀赋，而如果没有良好的政治秩序，人是非常容易回到战争状态的。那么，有了共同体之后，一个核心问题就是如何获得好的政治秩序，保证权力不腐败呢？我们先从古代的思考谈起。

统治者应该最不愿意统治

关于上面提到的问题，柏拉图给出的回答是，好的政治秩序就是由哲学家进行统治的秩序。柏拉图认为，现实中的统治者进行统治必定是为了满足自己的利益，比如牧羊人认认真真放羊，把羊喂得无比肥硕，其实也不是为了羊好，而是为了把羊吃掉或者卖了换钱。那么如果要构建一个好的共同体，就必须让最不想统治的人去当统治者。而这种人，就是哲人。如果人们想通过统治来获得财富，满足自己的各种身体欲望，那么

---

[1] ［古希腊］柏拉图：《普罗塔哥拉篇》，中译参见戴子钦：《柏拉图〈对话〉七篇》，辽宁教育出版社1998年版。

无论谁当统治者都不会出现好的秩序。相反，人们会一心以为拥有统治权力就可以巧取豪夺，那么成为统治者就成了一件你争我夺、人人垂涎的事情，而因此引发的国内战争就必将毁了这些人，并且也会毁掉整个城邦。所以，柏拉图说："要根治政治的难题，就必须找到一种比成为统治者更好的生活方式。"

这种比成为统治者更好的生活方式就是哲学家的生活方式。对哲学家来说，他们能够望见真正的智慧。用柏拉图的话说："哲学家真正扑在存在上……他注视的是那井然有序的、永恒不变的事物，并且当他看到，如果它们既不互相为不义，也不互相受不义之害，它们是和谐美好、秩序井然、合乎理性的，他就会努力去模拟、效仿它们，并且，尽量地使自己和它们相像并融为一体。"[1]也就是说，哲学家能够对事物有真正的认知，所以能够把自己看到的真实世界实现在大地上。

哲学家有能力进行政治设计是毋庸置疑的，除此之外，哲学也给了哲学家一种新的生活方式。对哲学家来说，真正的幸福是善好和明智的生活，而不是普通城邦统治者所追求的财富和声名，所以具有真正智慧的哲学家不仅最有资格统治城邦，而且也最应该统治。因为只有哲学家才会对政治官职持有最为

---

[1] ［古希腊］柏拉图：《理想国》499c—500e。

鄙薄的态度，这就保证了哲学家不会通过统治谋求个人的功名利禄，也就进一步避免了城邦权力斗争。所以，柏拉图说，如果城邦中出现了哲学家，那么人们就应该再三请求他出任统治者。因为对哲学家来说，他追求的是智慧的生活，而做一个统治者对他来说并没有什么好处，这样一来，统治者才能真正做到全心全意为人民服务，毫不利己，专门利人。

柏拉图的这个方案被称为"哲人王"，是通过哲学来降维治理政治领域。它虽然解决了政治领域内部的权力斗争，但也带来一个严峻的问题：既然从政治统治中获得不了任何好处，那么哲学家自然是不愿意去进行统治的。于是，如何让哲学家去统治，就成了一个大难题。对此，柏拉图给出的回答是，哲学家是出于不得已才去进行统治的，因为除非哲学家亲自去统治，否则他们就要被比自己更差的人统治。他们走向统治，并不像是做一件好事，也不是为了在统治职务中谋求生活上的享受，而是由于不得已，由于没有别的比他们更好的人，甚至没有与他们相像的人可以托付。因此，如果有那么一个城邦，那里全部都是好人，那么人人都将争着不做统治者；而在那里，也就可以看清楚：一个真正的统治者，按他的天性，不会去谋求他自己的利益，而是会谋求被统治者的利益，从而每一个稍具明智意识的人都将宁可选择接受他人施与的利益，也不愿自己挑起担子来去施利于他人。

政治的道理

柏拉图提出"哲人王",是很有道理的,这跟人治还是法治关系不大,因为法律也都是人制定的,从这个意义上说,法治就是人治。所以,无论哪个国家或社会,都希望统治者和立法者是有智慧的人。今天人治之所以不受信任,归根结底是因为人民不相信有真正的哲学家会出现,而且更倾向于认为,现实中掌握权力的人总是容易腐化堕落,必须依靠普遍性的制度或法律来制衡才行。也正是这个原因,柏拉图等哲学家在论及政治事务的时候,才会把教育看作头等大事,希望通过系统而严格的教育,培养出拥有实践智慧的统治者。

即便如此,柏拉图自己也知道培养哲学家是很难的,培养出哲学家后再使其成为王的可能性更是微乎其微。即便如此,柏拉图的理想国仍然有重要的意义,那就是它推演出了良好的政治秩序的原理。

如果一个国家或城邦里根本就没有能成为哲学家的人,那么理想的政治秩序又该如何实现呢?对于这个问题,柏拉图的学生亚里士多德给出了最精彩的回答,这对于我们理解政治的本质很有帮助。[1]

---

[1] [古希腊]亚里士多德:《政治学》1281a11—39,中译本见商务印书馆1970年版,由吴寿彭翻译。

11　国家理由：自然状态与社会契约

亚里士多德首先提出了一个问题：在一个城邦之中，哪些人会对权力产生诉求呢？在他看来，在城邦中能够声称竞逐统治者的人无非这几种：民众、富人、良好出身的人、最优秀的人、僭主。亚里士多德观察到，问题的症结在于，这里提到的每一种人都有自己的理由来成为城邦的统治者。比如富人会说他们拥有更多的土地，而土地是公共的财产，所以他们适合成为管理公共财产的人。并且在涉及协议的事情上，富人往往更可靠。有良好出身的人也有类似的理由，首先，拥有良好的身世在城邦中得到所有人的尊重，其次，他们还宣称优秀的人往往来自优秀的家庭，因为良好的出身就意味着家庭富有德性。而优秀的人中，如果有一个人觉得自己比其他同僚都更加优秀，那么他也会因为自己的德性与智慧来要求应该由自己来统治。同样，大多数民众也有自己的理由，因为相较于少数人来说，他们作为一个整体而言更强大、更富有或更优秀。哪怕是僭主，他也会表明自己更强大，并且会为了民众利益而去夺取权力打击富人。面对城邦中不同的人对统治权的诉求，实际上是难以在不同的理由之间做出一劳永逸的决断的。

但是另一方面，所有的这些合法性的声张，也都存在其问题。因为当大多数穷人掌权后，他们往往会瓜分富人的财产，这实际上就是在摧毁城邦；僭主同样也会掠夺富人的财产，并变本加厉地苛待城民；至于少数富人统治者，他们也会进一步

169

搜刮大多数人的财产；哪怕是高贵的人进行统治，也无法避免缺陷，那就是统治权力只在少数的好人中间分享，其他的大多数人则因为无法参与统治而无缘荣誉；由一个最优秀的人统治也有类似的问题，他会将除自己之外的所有人都排除在统治和荣誉之外。

经过这正反两方面的分析，亚里士多德实际上将与政治统治相关的诸要素和需要考量的内容列举了出来，可以说，就政治性的统治而言，并没有单一而完美的政体。而要想建立城邦的统治秩序，就必须综合考量财富、出身、人数、德性、智慧、力量、因参与政治而得到的荣誉感等要素。所有的这些因素都是政治性统治内在所包含的，只有综合并平衡好所有这些因素才能够使城邦维系正义，否则这些因素就会转变为良好政治秩序的限度，给政治共同体带来摧毁性的力量。

在亚里士多德列举分析的这些统治诉求中，特别值得注意的是好人统治。亚里士多德认为，无论是少数的贤人集团还是一个超凡卓越的人统治，都是有隐患的，因为这些看起来优良的统治实际上将其他公民排除在统治集团之外，长此以往也会使城邦的大多数公民产生不满的情绪，进而危及城邦的秩序。亚里士多德的这一观点实际上是认为必须让所有的公民都能够参与政治统治。这一点也是政治的内在要求，因为只有这样才能使全体公民过上具有完整意义的政治生活，进而实现更好的

11 国家理由：自然状态与社会契约

生活，获得幸福。

出于对人性的充分了解，亚里士多德给出了一个非常精彩的统治方案。具体来说，首先，要尽量让城邦中的每个公民都能有一定的资产。用我们今天的话说就是，中产阶级要成为城邦中人数最多的群体，因为有恒产者才有恒心，并且人数最多的中产者也可以压制特别富有和特别贫穷的人。有了人数最多的中产阶级之后，接下来，是要让有公民身份的人都有机会参加统治活动。公民轮流统治，这种轮流，是代际意义上的轮流，也就是年轻人先做被统治的公民，然后等自己长大以后，再去做统治者。只有这样，才能够让每个公民都尽可能地分享参加公共事务的荣誉感，并且在城邦中发挥自己所长。

这种统治方式被称作政治性的统治方式。在亚里士多德看来，只有公民群体的轮流统治才是严格意义上的政治性的统治方式，其他类型的统治并不能被称作严格意义上的政治性的统治。比如，我们熟悉的"专制"这个词，在古希腊语中的本义就是主奴统治，主人统治奴隶永远都不会是政治性的统治；类似地，家长统治或者族长统治也不是政治性的统治方式。所以，西方人会说，是古希腊人"发明"了政治，而历史上更多的地方是有统治而无政治。不过，严格意义上的政治性统治在亚里士多德的时代并没有实现。在古希腊的城邦中，拥有公民身份的人是少数，女性、外邦人和奴隶并不能参与城邦的政治决策，也不能当陪审员。直到现代社会，亚里士多德对政治的界定才得以完全实现。在现代国家中，每个公民只要没有被剥夺政治权利，那就都是平等的公民，都有权利参与政治秩序的构建。对于现代国家，哲学家们通过社会契约给出了关于主权的新说明。

社会契约论

在现代政治中，英国哲学家托马斯·霍布斯（Thomas Hobbes）曾对国家或者主权进行了深刻思考。霍布斯有一本名著叫《利维坦》（*Leviathan*），"利维坦"原本是指《圣经》中提到的海中巨兽，霍布斯用它来指代现代国家或者主权者。在这本著作里，霍布斯讨论了国家的性质以及由来，他说要讨论国家，需要回到原点，那就是假设国家解体后的状态，以及人们为何要结合在一起，在国家中生活。[1]

霍布斯将国家解体的状态或者前国家状态称作自然状态，而自然状态下人的生活境况是非常凄惨的，因为自然状态是一种一切人与一切人为敌的战争状态。这是为什么呢？霍布

---

[1] ［英］托马斯·霍布斯：《利维坦》第13—17章，黎思复、黎廷弼译，商务印书馆2017年版。

11 国家理由：自然状态与社会契约

斯说，人就本性而言，是受欲望支配的，争强好胜，永远想超过别人，得其一思其二，并且想要通过不断巩固自己的权力来保证欲望的满足。在这样的人性基础之上，还有一个显然的事实，那就是人其实在身体和心智方面的能力总和是差不多的，也就是说，人的体力、经验、理性和激情综合到一起来看，可能会有些许差别，但这些差别不足以建立起悬殊的实力对比。在自然状态下，人的这种平等的极端表现是，人在被杀死的意义上是平等的。也就是说，哪怕一个人的身体再强壮，再有智慧，那些最弱的人运用密谋或者与其他处于同一危险下的人联合起来，就有足够的力量杀死最强的人。

从能力上的平等出发，人们就产生了"达到目的的希望"的平等。这样一来，任何两个人如果想得到同一样东西，但又无法同时享有的时候，就会成为仇敌。在夺取东西的过程中，彼此都力图摧毁或征服对方。由于人们互相疑惧，或者更准确地说，始终处于疑惧的状态之中，所以最合理的自保之道就是先发制人，用武力或者机诈来控制一切自己能控制的人。霍布斯说，人的天性中有三种造成争斗的因素：竞争、猜忌和荣誉。人们会因为求利、求安全和求名誉而彼此侵犯。在没有一个共同的权力可以让大家都慑服的时候，自然状态下的人们便处于战争状态之中，并且，这种战争是每个人对每个人的战争。可以想见，在人人相互为敌的战争状态下，人无法维系稳定的产业，并且始终处于暴力、死亡的恐惧和危险之中，人的生活孤独、贫困、卑污、残忍而短寿。

霍布斯刻画了一种人们失去国家的丛林状态，因为没有最高权力，所以这种状态是高度不稳定的。每个人都时时刻刻处于恐惧和警惕之中，寿终正寝是不可想象的，所有人都处于暴死的风险之中。正是因为自然状态如此恶劣，所以人才需要想方设法离开自然状态，力图寻求和平。之后就来到现代国家诞生的关键环节，即社会契约环节。

在自然状态中，每个人都试图进行自我保存的活动，但是由于人性和战争的干扰，人无法实现稳定的自我保存，反而要先发制人。要脱离这种状态，首先需要人们在有获得和平的希望时才能够力求和平。那么，怎么样才能实现和平呢？这在逻辑上有两个关键的步骤。

第一步，需要人们自愿放弃自然状态下自己对一切事物的权利。在自然状态下，每个人对包括所有其他人在内的一切事物都拥有权利，即在自己的安全受到威胁时，每个人都有权利使用这些事物和人来进行自我防卫。但同时，因为每个人对所有事物都拥有权利，所以彼此之间也有天然的矛盾和冲突。所以，需要所有人都同意自愿放弃这些权利，这是关键的第一步。在这一步中，需要人们都放下屠刀，需要所有人积极努力，愿意互信。

第二步，所有人自愿将放弃的权利授予第三方，这个接受了所有人权利的第三方就是国家或者主权者。在国家中，因为每一个人都做出了授权，所以国家就有权使用每个人托付给它的权利与力量，通过其威慑组织大家的意志，从而对内维护和平，对外抗御外敌。简单总结来说，国家或者主权者的产生过程，就是一大群人相互订立信约，放弃所有的自然权利，并且每个人对国家的行为授权，以便使它能够按其认为有利于大家的和平与共同防卫的方式运用全体的力量和手段。在国家中，所有人将自己所有的自然权利都放弃并赠予出去了，成为国家中的臣民，由此国家和臣民的关系是保护与服从的关系。

霍布斯对人类从自然状态过渡到国家的论述非常细致而具体地论证了现代国家的性质。国家最重要的作用，或者说国家的必要性就是保障公民的安全，而国家的基础史无前例地建立在一个个公民之间订立的契约以及授予的权利基础之上。在现代国家中，国家和个体直接发生了逻辑关联，而国家主权与个体主权的双重建立构成了现代政治的根本逻辑。

延伸阅读

［美］史蒂芬·B.斯密什：《耶鲁大学公开课：政治哲

学》,贺晴川译,北京联合出版公司2015年版。

王利:《国家与正义:利维坦释义》,上海人民出版社2008年版。

[意]乌戈·齐柳林:《柏拉图最精巧的敌人——普罗塔哥拉与相对主义的挑战》,文学平译,中国人民大学出版社2012年版。

12
欣赏艺术：美、真与观念的纷争

12　欣赏艺术：美、真与观念的纷争

引　子

艺术史著作往往会把先民在洞穴中绘制的岩画作为最早的艺术作品，再往后一直写到当代艺术。但是对先民来说，被后人视作艺术作品的岩画等，在当时未必是作为艺术品被制作出来的，岩画可能首先是履行宗教功能，肖像画的首要功能可能类似于"照片识人"。只有到最晚近的时期，艺术才成为一个独立的领域，才有艺术家每天专门从事艺术创作。就理解艺术作品和艺术本身而言，我们总是离不开对真善美的考问。

有一次，我在北京的中华世纪坛看一个欧洲绘画展，其中很多展品是静物画，当时讲解的志愿者在介绍一幅画作时说道："大家看这幅画，画得栩栩如生，简直跟真的一样，实在是一幅杰作。"这个评价给我留下了深刻的印象，因为一方面他讲得很对，那幅静物画的确画得很好，画面上的葡萄透亮，让人忍不住想要去摘一颗吃。但另一方面，这句话也让我陷入思考，难道艺术作品的好就在于它很像自然事物吗？如果是这样的话，那么我们直接去看世界、看从超市买回来洗好的葡萄不是更真实吗？艺术作品的意义究竟何在呢？难道说画家只是为了炫技，证明他有能力重现现实世界吗？

原来看一幅静物画就会带来这么多问题，那么，当我们扩大范围，从文艺复兴时期的绘画、古典音乐以及古典建筑，进入现代艺术领域，这时我的困惑就更多了。那种合乎理性审美，也就是黄金分割率与数字比例的艺术创作原则被现代艺术打破了，现代艺术不但不再追求栩栩如生以及和谐的音律，反而每一个经典作品都往往反其道而行之，比如著名的两位现代艺术家毕加索和达利的作品，不但第一眼看上去并不美或和谐，而且每个作品都像一部哲学著作一样需要被解读。那么，哲学家是怎么看待艺术作品的呢？艺术作品在哲学探询中是否也占有一席之地呢？

真与美的纠缠

当你说一幅画好美，或说一段旋律好美时，你基本给予了这个艺术作品最高的评价。在很长一段时间里，哲学家也是从美这个角度来看待艺术作品的，只不过他们给的理由各不相同。

一个事物为什么是美的呢？柏拉图的回答是：因为它符合了真。通过这个命题，柏拉图就将美建立在最真实的存在，也就是理念世界上。前面我提到过，在柏拉图看来有两个世界，现实世界和理念世界，而理念世界才是最真实的世界。他认为，任何事物如果能被称为美的，那是因为它们分享了美的理念。所以，你看到一个美的事物或听到一段美的旋律，真正让你觉得美的不是那个具体的载体，而是美的理念在那个承载物上的显现。柏拉图非常热爱美，但是恰恰是因为他把美本身和美的理念等同起来，导致他有多么爱美本身，也就有多么厌恶艺术家。因为根据这个理论，画家只是在不断地模仿理念世界，其实离真实的理念世界非常远，自然就离美很远。同样地，创作戏剧的戏剧作家因为不懂得真正的教育，所以往往会创作出一些不符合城邦目的的作品，进而败坏人的品性，所以像荷马（Homer）、埃斯库罗斯（Aeschylus）等希腊大诗人和悲剧作家的作品都要被柏拉图审查。能够留在柏拉图理想城邦中的，只剩下弘扬正能量的意气轩昂的文艺作品。总的来说，在柏拉图看来，艺术和哲学是对立的，艺术利用自己特殊的迷惑力来激发人的一些非理性的情感和需求，而哲学则是在理性的努力中追求真实和真理。

柏拉图将美理解为真，这可以被看作一种极端的立场，虽然后来也有人追随他的立场，但这一观点太违背我们的日常经验了。因为我们往往会被伟大的艺术作品吸引，哪怕艺术作品彻头彻尾都是虚构的，我们仍然能够从中得到某些真实的感受。由此，柏拉图的优秀学生亚里士多德并不同意老师的看法。

亚里士多德就专门写过一本《诗学》分析史诗和戏剧，他认为诗人比历史学家更爱智慧，也就是说，诗人更近似于哲学家。[1]为什么呢？如果你去看古希腊的悲剧作品，会发现故事情节往往都是家庭成员内部的自相残杀，最后只剩下一个幸存者。而恰恰是这种作品，被亚里士多德视为悲剧的典范。比如埃斯库罗斯的悲剧《奥瑞斯提亚》（Orestes）三部曲就讲了阿伽门农（Agamemnon）一家的悲剧。[2]我们知道阿伽门农是发动特洛伊战争的王，帕里斯（Paris）把阿伽门农的兄弟墨涅拉俄斯（Menelaus）的爱人海伦给拐跑了，阿伽门农兄弟召集希腊联军远征特洛伊，要把海伦抢回来。但是阿伽门农之前曾经得罪过狩猎女神，狩猎女神故意刁难他，让大军无法出征。狩猎女神

---

[1] ［古希腊］亚里士多德：《诗学》1451a36—1451b11，陈中梅译注，商务印书馆1996年版。
[2] ［古希腊］埃斯库罗斯：《埃斯库罗斯悲剧集》，罗念生、王焕生译，上海人民出版社2020年版。

告诉阿伽门农,除非你献祭你的女儿伊菲格涅亚(Iphigenia),否则就别想出征。阿伽门农陷入两难,后来他就献祭了他的女儿,大军由此得以顺利地出征,然后战争持续了十年之久。阿伽门农凯旋之后,他的老婆克吕泰墨斯特拉(Clytemnestra)表面上满心欢喜地迎接他,让他进家门洗澡,但是却在阿伽门农洗澡的时候杀了他,为女儿报仇。这之后,阿伽门农的儿子俄瑞斯忒亚(Orestes)知道自己的母亲伙同情夫把父亲阿伽门农杀了,就决定要为父亲报仇,于是杀了母亲。三部曲的最后一部《复仇女神》则是沿着复仇的逻辑继续推进,复仇女神追杀俄瑞斯忒亚,最后在雅典通过设立公民法庭的方式才终结了这场家族内部的连环复仇。

这种家破人亡的艺术创作怎么能被认为是爱智慧的呢?亚里士多德的理由是,悲剧作家实际上是基于对人的洞察,通过这种情节的设计,将人放到一些两难绝境中进行价值抉择,然后故事情节会根据主角的选择而合乎逻辑地推进。观众在观看了这些悲剧作品后,心生恐惧和怜悯,进而让自己的灵魂得到净化。所以,对亚里士多德来说,看似残忍的悲剧情节恰恰有它强有力的地方,悲剧作家在对真实的探究方面一点儿也不逊色于哲学家。

亚里士多德为丑陋、残忍和荒诞的东西重新赋予了位置和意义,从它们中找到了某种真实,找到了美。除此之外,艺术作品中还有很多并不涉及柏拉图所说的真与假的问题。比如，如果你去甘肃省博物馆看人类早期社会所制作的陶器，会发现先人会在作为容器的陶罐表面装饰各种图案和纹路，这些纹路对于陶罐的功用来说并没有任何帮助或减损，并不会使陶罐更像或更不像陶罐本身，图案和纹路仅仅是人们审美的一种表达。康德就认为，由美而产生的愉悦，是唯一真正无私和自由的东西。装饰图案的存在表明，人类不会只在意满足功用，而且还会对美产生兴趣，康德说这是一种"不涉及利害关系的利益（快感）"[1]。

康德将美从概念体系中解放了出来，他认为美是不凭借概念而普遍令人愉悦的东西。外部事物之所以是美的，只是出于人的判断，这种判断不是理智上的判断，不依赖概念，所以不再是真假的判断；并且也没有利害关系，所以也和善恶无关。审美经验是真正自由的感性状态，所以只有到了康德这里，真、善、美才彼此独立，并且拥有了同等重要的地位。

在康德之后，席勒（Friedrich Schiller）以柏拉图的反对者姿态将审美推到了至高的维度。柏拉图认为艺术会败坏人的德性，而席勒则认为欣赏艺术能够使人变得更好。在《审美教育书简》中，席勒强调培养审美能力对于塑造现代公民有重要意

---

[1] ［德］康德：《判断力批判》（上册），宗白华译，商务印书馆1964年版，第47—48页。

义,"所有艺术作品中最完美的作品,就是研究如何建立真正的政治自由"[1]。席勒为什么会这么说呢?审美怎么能和政治自由联系在一起呢?这是因为席勒看到审美教育的核心在于自由。艺术不能告诉你应当做什么,也发现不了具体的知识,但是艺术的美能够实现一件事情,那就是让人能从自己的天性出发为所欲为,让人充分享有自由。对席勒来说,审美,特别是艺术的审美,是能解放思想的,使得人们可以展示他们自由的一面。

所以,在古代哲学家看来,艺术作品的性质和作用需要用真来衡量,无论柏拉图对艺术作品的批评还是亚里士多德对戏剧创作的肯定,都是基于作品和真的关系。而到了康德,他认为艺术作品的美和真无关,它是一种普遍令人愉悦的东西。在康德这里,艺术和审美开始成为现代世界中具有独立价值的存在。再到席勒,艺术和审美则成为和人的自由与创造力结合在一起的事物和活动。由此,艺术作品逐渐为自己打开了一个新世界。到了20世纪,德国哲学家海德格尔(Martin Heidegger)不再满足于仅仅把艺术视为美的艺术,而是重新把艺术品和真理联系了起来。

---

[1] [德]弗里德里希·席勒:《席勒经典美学文论》,范大灿等译,生活·读书·新知三联书店2015年版,第209页及以下。

艺术与真理

从柏拉图到席勒，大多数哲学家都把艺术理解为美的东西或与美有关，而与真理无关。但是，海德格尔非常不满于这些观点，那么，海德格尔是如何来重新解释艺术作品的呢？他用一双鞋子，不，确切地说是梵高画的一双鞋子来完成了这场革命。[1]

面对梵高的这幅画（见图1），海德格尔发出质疑：难道是因为梵高绘制了一双栩栩如生的鞋子，让现实中的鞋子转化为艺术家生产的一幅作品，所以这幅画才成为艺术品的吗？海德格尔说，绝对不是！艺术作品绝不是对那些时时现存手边的个别存在者的再现，恰恰相反，它们是对物的普遍本质的再现。

海德格尔是如何看这双鞋子的呢？在梵高的这幅画上，除了一个不确定的空间，这双农鞋周围没有任何东西，也不清楚它们属于谁。鞋子上也没有沾带一点儿地里的土块或田野上的泥浆，这些东西原本可以多少为我们暗示这双鞋的用途。然而，海德格尔是这样描述的："从鞋具磨损的内部那黑洞洞的敞口中，凝聚着劳动步履的艰辛。这硬邦邦、沉甸甸的破旧农

---

[1] ［德］海德格尔：《林中路》，孙周兴译，商务印书馆2015年版。

鞋里，聚集着那寒风陡峭中迈动在一望无际的、永远单调的田垄上的步履的坚韧和滞缓。鞋面上实际上沾着湿润而肥沃的泥土。暮色降临，这双鞋在田野小径上踽踽而行。在这双鞋里，回响着大地无声的召唤，显示着大地对成熟的谷物的宁静的馈赠，表征着大地在冬闲的荒芜田野里朦胧的冬眠。这器具浸透着对面包的稳靠性的无怨无艾的焦虑，以及那战胜了贫困的无言的喜悦，隐含着分娩阵痛时的哆嗦，死亡逼近时的战栗。这器具属于大地，它在农妇的世界里得到保存。正是由于这种保存的归属关系，器具本身才得以出现而自持。"[1]

通过这些描述，你就可以看到，海德格尔没有去看梵高绘制的这幅画的颜色、颜料、形式组合，而是看到，梵高通过画了一双鞋，实际上在回答什么是一双真正的农鞋。这幅画作把鞋子的存在揭示了出来。在只绘有一双鞋子的画作面前，你看到的不只是鞋子，而是由鞋子所关联起来的整个世界，包括海德格尔所说的田垄、谷物、情感等，这些内容并没有呈现在画面上，在画面上是缺席的，但正是在那个由缺席物所构成的整个世界中，鞋子才开启了自己的存在方式。所以，海德格尔认为存在者（鞋子）在其存在中（由缺席物所构成的整个世界）开启才是真理的发生，而这就发生在艺术作品中。在海德格尔

---

[1]〔德〕海德格尔:《林中路》，孙周兴译，商务印书馆2015年版，第18—19页。

这里，艺术作品在摆脱了审美的负担之后，在离开了柏拉图的理念世界后，最终又和真理重新联姻。

在海德格尔的基础上，我们还可以再往前走一步。因为在我们这个时代，艺术创作已经成了一个纯粹的领域，不再完全依附政治、社会或宗教功用。特别是在当代艺术领域，一幅肖像画不再会追求照片式的复刻，而是在表达一种感觉，这是非理性的，但却是对生命力量的真实表达。比如英国画家弗朗西斯·培根的1990年创作的自画像。

这幅画很显然不再是传统意义上栩栩如生的自画像，它太过丑陋，甚至一眼看上去让人觉得难受，不想去看。但如果你忍住最初的厌恶，继续盯着看，你会发现画家实际上画出了不可见的东西，这种不可见不是海德格尔所说的缺席者，而是时间和生命的意志。

画中这个扭曲的脑袋并非本来如此，而是在生命历程中经受了一些压迫，它的痉挛、扭曲使得静止的画布流动了起来，展现了生命中不可见的力量。当一个看得见的身体迎接来自看不见的力量的打击时，身体在积极地战斗，展示出强烈的生命意志。培根的自画像画的并不是容貌，而是真实的自我。在看这幅画的时候，你甚至可以跳过具象，直接观看黑色背景上的椭圆形状，凝视色彩与色彩碰撞造成的紧张感，线条的力度和走势，线条和色彩结合在一起的节奏感。所以，当艺术创作越来越纯粹的时候，艺术离哲学所讨论的对象也就越来越接近，甚至为哲学理性探究开辟了新的视角。

艺术与观念

在当代艺术中，无论何种材质的艺术作品，作者的观念表达成了理解艺术作品的关键，艺术家实际上在利用自己这一作品的媒介在创造法则本身。本章的最后我们将目光投向中国当代艺术家徐冰。在20世纪80年代创作的版画作品《五个复数系列》中，徐冰在对一块原木板进行刻制之前即开始印刷，再通过边刻制边印刷的形式不断翻印，直到木板上的形象被完全刻掉为止。这个过程的痕迹被转印于一条10米长的皮纸上，画面从没有形象的满版黑色开始，以没有形象的满版空白结束。

这个作品是对一个完整艺术过程的展示，即从艺术创作之前的纯黑色的木板开始，一步步呈现具象的刻画，如自留地的农田，木板也开始承载着无比繁复的细节，然后这些具体的形象再逐步消失，最后回到一片空白，回到版画开始之前的状态。这个作品与其说是作品，不如说是艺术家对艺术过程的揭示，从具体的艺术的技术训练到对艺术本身的思考：面对一张空白的木板，究竟该创作什么？空白的木板就像宇宙大爆炸之前的时刻，在刻刀第一刀刻下去之前，这个作品就有无限的可能性，而艺术作品的产生就如同创世一般。

徐冰在后来的作品《析世鉴·天书》中，将这一过程更为精致地呈现了出来。他创作出 4000 多个"伪汉字"，以明代宋体字手工刻版，印制出一套 4 册的《析世鉴·天书》。该作品的整体装置由几百册大书、古代经卷式卷轴以及被放大的书页铺天盖地而成。这些成千上万的"文字"看上去酷似真的汉字，但却是徐冰制造的"伪汉字"。即我们远观时看到的都是方块字，但走近仔细看时却发现每一个字都不认识。[1]

在这件作品中，徐冰同样先进行了还原工作，即将现有的汉字进行拆解，还原为最基本的笔画，也就是回到汉字形成之前的刻画感。我们日常使用的每个汉字都是有意义的，代表了某些特定的含义与指向。如果我们回到造字之初，会看到是造字者对字进行了创造与命名。徐冰的《析世鉴·天书》便是要先把具象的字的意义取消，无论这些意义是社会性的还是语言性的，然后从汉字最基础的元素出发，重新自由地组合笔画，也就是重新界定"字"，并为"字"赋予新的意义。当然，正如作品名字所说，"天书"是读不懂的，但这恰恰是这些方块字

---

[1] 上述三段关于徐冰及其作品的表述，皆引自徐冰在网页上的简介。

的意义所在，它们被创造出来就是为了拒绝观者的阅读，而是作为纯粹的艺术作品去被感受。

当观众看到这件作品时，首先会感到被戏弄了，因为徐冰非常认真地做了一套书，却无人能读懂这些字，甚至连艺术家自己都不认识这些字。正如徐冰自己所说："一个人，花了4年的时间，做了一件什么都没说的事情。"但是不可释读的《析世鉴·天书》又说出了一切，因为观众很快就会被这些字考问：我们每天都在使用的汉字究竟是怎么来的？我们想过汉字的生成机制吗？它们今天所具有的意义是如何诞生的？笔画之间的组合法则是主观的还是客观的？等等。徐冰用《析世鉴·天书》这件作品达到了苏格拉底哲学的效果，自此你就不得不反思自己熟悉的日常世界是如何成为现在这个样子的，它有没有别的可能性。观念性的当代艺术不再被美困住，而是如哲学家一般试图理解这个世界。而它的第一步总是要将这个熟悉的世界陌生化，从丰富具象的世界回到空白的木板或画布，从无中凝视，思考事物最初产生的那个瞬间。

延伸阅读

［德］海德格尔:《林中路》,孙周兴译,商务印书馆2015年版。

［法］吉尔·德勒兹:《感觉的逻辑》,董强译,广西师范大学出版社2017年版。

［英］贡布里希:《艺术的故事》,范景中、杨成凯译,广西美术出版社2008年版。

13
理解信仰：致命一跃与自身的交付

13　理解信仰：致命一跃与自身的交付

头顶三尺有神明？

以前在国外的时候，我总喜欢在不同的场合和国际友人聊天，一旦关系熟络一些，总会被问一个问题："你的宗教信仰是什么？"从小就接受无神论教育的我总是无法作答，但如果说自己什么都不信，往往就超出了对方的理解范畴。后来，我就在脑子里回想自己生活中的经历，首先想到的就是乡村中的民间信仰。从那些小时候朴素的生活经验中，我看到神明确实在人的日常生活中发挥着重要作用，前去求助的人也把自己生命的一部分交付给了自己所信仰的神明。

无论是国际友人的问题，还是自己幼年的生活经验，都说明神明对于人的现世生活来说是非常重要的。但是关于神明，又总是会让人产生种种疑问，比如在柏拉图的著作中，就有人提出关于神的三个问题：神是否存在？如果神存在，神是否关心人类？如果神存在且关心人类，神是否能被人影响（也就是说，人多给神奉献祭品，就能讨得神的正面回馈）？这三个问题非常朴实而彻底，让人不得不仔细思量。但这些问题从理智上是无法回答的，哲学史上有无数种对上帝存在的证明，但也总不能令人满意。关于神和虔敬的问题，我们还是应该用哲学的方式重新进行提问：宗教中所称呼的神究竟是什么？人类的哪种经验在呼唤和要求神？虔敬的本质是什么？无神论究竟又是怎么一回事呢？

神：对无限的经验

如果从现实需要出发，人们会赋予神各种功能和能力，比如人需要神来纾解自己的困难或护佑自己的生活，也就是缓解命运对个人能力的冲击或是守护好运；人需要神来寄托生命的意义和安顿生死；人需要神来解释世界万物秩序井然的原因，此时的神还需要担当造物主的角色；人需要神来为人设立道德规范，用神圣诫命来为自己和社会建立神圣秩序，并用更高维度的审判或因果报应来抵消此世的不义；等等。人对神的这些诉求，或者说人给神设定的这些功能，在本质上都是来源于人的现世生活的有限性。

13 理解信仰：致命一跃与自身的交付

人对有限性的最初经验就是在大地上的日常生活，而对崇高感和神秘感的最初经验则来自"天"。无论是宙斯统御的希腊诸神，还是一神宗教的神，都是在天上，但这个"天"并不是物理意义上的天。今天人类已经发明了飞机在天上飞行，甚至发明了宇宙飞船离开了地球的天空，不仅可以围绕地球旋转，还奔赴去了火星。物理性的天已经逐渐揭开神秘的面纱，但宗教意义的天却不会被天文望远镜一眼望穿。

神圣性的天，实际上是指一个不同于现世世界的地方，或者我们也不知道是否有这么一个地方，最重要的是将这个地方与人类熟悉的世界区分开来。我们在比喻的意义上说天是神的居所，但也仅是就比喻的意义而言。神在时空之外，或者神不受时空的限制，因为如果神真的是造物主，那么在神创造时空之前，并不存在时空。神一方面在天上，和人类的世界相区隔，另一方面又无处不在。

所以，人在现世生活，和这个世界上的人和物打交道，但人又恰恰不满足于只和耳目所感知到的世界打交道，而是要开启一个新的维度。比如犹太教中的神根本上是公义的神，祂有一个绝对的公正的尺度；基督教的神是大爱的神，甚至可以说神就是爱；伊斯兰教的神是仁慈者。无论是哪个神，祂们都与每个人建立了关联，每个人也都因为神的维度的打开而可能成为公正的人、有爱的人和高贵的人。用当代法国哲学家南希

(Jean-Luc Nancy)的话说,神就是"敞开"(l'ouverture)。这里的"敞开"是什么意思呢?就是在大地之上,一个维度被打开,那就是无限。人作为人的存在,不是像一块石头或者一棵树一般的存在,而是向着无限打开的存在。

神:信仰与忠诚

人对无限的经验有很多,但对神的经验有特殊之处,那就是虔敬地相信并忠诚于神。这种相信并不是基于理性推理,我们前面说过,神是否存在是难以证明的,人也无法真的见到神,但是恰恰是神的这种性质决定了相信的独特性。宗教中的相信是绝对的,也就是说,不用知道神是什么样的,会做什么事情,相信神就是相信神,就要对神忠诚。简单来说,虔敬的本质就是忠诚。这听上去很玄妙,举一个例子可以帮助你来理解。

这个例子是亚伯拉罕献祭儿子以撒的故事(见图2),来自《圣经·旧约》。亚伯拉罕是以色列人的始祖,他很大岁数时仍然没有儿子。在亚伯拉罕99岁的时候,神对他说,他的后裔会极其繁多。亚伯拉罕很纳闷儿,说自己的妻子都90岁了,哪还能生养后代,于是神告诉他,我应允了你,你就会有

13 理解信仰：致命一跃与自身的交付

儿子。结果，在亚伯拉罕 100 岁的时候，他和老婆撒拉真的有了儿子，起名叫作以撒。老来得子的亚伯拉罕自然非常开心，大摆宴席庆祝。

待以撒长大一些后，神要考验亚伯拉罕，让亚伯拉罕在摩利亚山上将以撒献祭给祂。对于这一命令，亚伯拉罕着实难以理解，但还是清早就起来，预备好了驴，劈好献祭用的柴，带着两个仆人和以撒，前往摩利亚山。待到了之后，亚伯拉罕跟仆人说："你们留在这里，我要和儿子以撒上山敬拜。"就这样，以撒背着柴，亚伯拉罕自己拿着火种和刀就上山了。这时候，以撒问父亲："现在火和柴都有了，但是却没有带献祭的羔羊。"亚伯拉罕说："儿子呀，神自己会预备羔羊的。"

待走到山上，到达神指示的地方后，亚伯拉罕筑起了祭坛，把柴摆好，然后就绑了儿子以撒，放到柴上。亚伯拉罕这时就伸手拿刀，要杀以撒。就在此时，神的使者从天上呼唤亚伯拉罕，说不要杀这孩子，神已经知道你是敬畏神的了，因为你没有把你的独生子留下不给神。亚伯拉罕收住了手，举目看到灌木丛中有一只羊，于是便用羊完成了献祭。

《圣经·旧约》记载的这件事听起来颇为费解，神先是许诺给了亚伯拉罕一个儿子以撒，也就是说，以撒的降生不是自然现象，而是因为神的应允。结果，神却又要亚伯拉罕把儿子以撒献祭掉。神的行为有些任性。对亚伯拉罕来说，这也是无

199

法理解的，甚至有些犹太教的解经家说亚伯拉罕年纪太大了，听错上帝的命令了。任何试图将这件事情讲通的努力都注定失败，因为在信仰面前，相信必定压倒了理解。亚伯拉罕表现得非常好，因为他没有去质疑神的命令，也没有想要违背神的指示，哪怕是最心爱的儿子以撒，神说要，他就给。

亚伯拉罕拿儿子以撒献祭完美阐释了信仰所要求的忠诚意涵：在信仰中的忠诚是绝对的。亚伯拉罕不需要知道神究竟是真想要以撒，还是只想试探一下他，也不知道那一刀下去究竟有没有一只手来阻拦。虔敬就是忠诚，如果要对神虔敬，那就要对神绝对忠诚，而不需要知道任何其他的事情。

理性信仰

虽然信仰要求绝对的激情与忠诚，但信仰并非与理性截然分割，甚至在很多事情上，世界的自然秩序与人类的道德秩序都可以与神并存，并且在很大程度上依赖于神。我们仅举两例来说明，一是宇宙秩序的来源，二是善恶的问题。

物理学家杨振宁在2021年的一次访谈中，被问到是否相信有上帝存在的时候，回答说："你问我有没有上帝呢？如果你说的上帝是人形状的，那我说没有。但如果你想问我有没有一个造物主,那我想是有的。因为整个世界的结构,不是偶然的。你看看这麦克风,就妙不可言。它不可能是偶然的,偶然的就搞不出这样妙的东西。这世界上还有许多这样妙的东西。这么多妙的东西,这么多不偶然的东西,这么多力量这么大的东西,哪儿来的呢?我想你可以随便给它起一个名字,这个名字假如可以和一个人的形象对应,我想大家是会接受的!"杨振宁的这个回答让很多人感到震惊,一个顶尖的物理学家最终竟然相信存在创世主,这会让很多笃信无神论的国人感到震惊。但是类似的想法其实并不是杨振宁的发明,像17—18世纪自然神论就秉持这一观点。

自然神论认为上帝的本质就是理性,这理性就体现在上帝所创的自然界中,因此无须借助神秘的启示,只需通过对自然规律的认识便可认识上帝。所以,自然神论用以证明上帝存在的方式通常被称为"设计论证明"。正如杨振宁在回答中举的例子那样,一个麦克风是妙不可言的东西,我们可以从既有的人工造物,如一个钟表开始,"从其齿轮、弹簧、轴轮等内在结构的和谐性和功能上的目的性(计时等)推出存在一个手艺精湛的工匠"。如果进行类比推理,那么大自然比麦克风和钟表更为精密,并且充满了秩序性和目的性,也就可以合理推断必定有一位智慧的造物主存在。

自然神论还进一步认为,上帝按照理性法则创造了自然世界，但是这位上帝在一次性创造世界之后就不会再插手世界的事务，因为这个世界已经如此完美，如果上帝需要经常干预，就像钟表匠需要经常调试钟表，那么上帝便是拙劣的，不完美的。牛顿用力学体系重新解释了世界，将世界图景机械化了，但这样一个机械论的世界仍然无法解决起源问题，所以上帝的一次性创造就成了合理的解释。不仅杨振宁会认为有造物主存在，牛顿这位伟大的近代物理学家也将宇宙的第一因或第一推动者归到上帝那里。一个遥远的上帝创造了这个秩序井然的世界，世界并无其他的目的，而更像一台机器，上帝就是制造这台机器的大工匠。

除了宇宙秩序，另外一种对神的需求来自道德。我们在讨论道德理由的章节中提到过，对人类社会的道德规范来说，有一种观点就认为道德来自绝对的律令，即来自神的命令。在现实世界中，无论哪种主流宗教，也无论其宗教教义具体如何复杂以及体系有何特殊性，大致来说都是劝人为善的。在《圣经·旧约》中，上帝通过摩西向世人传达了十诫，规定了人类社会基本的道德原则，耶和华也就成为道德的直接来源。在《圣经·新约》中，耶稣一改耶和华严肃可怖的形象，传播爱的福音，并且通过自己的受难将恩典带给世人，这说明神关心人类，并且照料着人类。

人们会相信神本身是正义和善的，并且通过宗教体系，人在此世所遭受的不义对待还会有更宏大的叙事和更高的正义来宽慰解决。也就是说，对于人而言存在两个法庭，一个是尘世的法庭，还有一个是来世的法庭。通过一个超越性的和彼岸的存在，人们既保证了神会惩恶扬善，也为尘世的磨难找到了解释方案。

无神论

在谈完了神、虔敬以及信仰的多重性质之后，就必须转向无神论了。无神论，顾名思义，就是要么不相信神，要么相信神并不存在。无神论者有很多理由支持自己的主张及批评有神论的主张。这里举一条最重要的反驳例证就足够了，就是神义论。这种观念提出诸多挑战：如果神真的是世界的创造者，神又是全知全能和绝对的善，那么神为什么会给世界创造如此多的罪恶和灾难？为什么上帝的选民犹太人差一点儿就被纳粹灭绝种族？这些挑战不仅基于观察，而且也基于推理。

罗马帝国的基督教作家拉克坦提乌斯（Lacentius）就曾明确表达过这个问题：上帝要么想去除恶但却无能为力，要么祂有能力除恶却又不愿意，要么祂既不愿意也无能力，要么祂既愿意又有能力。如果祂愿意却无能力，那么祂就是衰弱的，而这与上帝的特征不符。如果祂有能力却不愿意，则祂是忌恨的，这也和上帝的身份不符。如果祂既不愿意也无能力，那祂就既是衰弱的也是忌恨的，这样祂就不算是上帝了。如果祂既愿意又有能力（只有这样祂才是上帝），那么这么多恶是从何处而来的呢？为什么上帝不去除它们呢？在拉克坦提乌斯提出这个问题一千多年后，德国哲学家莱布尼茨（Gottfried Wilhelm Leibniz）再一次质问："如果上帝存在，恶从何而来？如果上帝不存在，善从何而来？"但很显然的是，恶对信仰的阻碍要远胜于善对信仰的加持，这威胁了上帝的地位，使越来越多的人倾向无神论。

对于这些挑战，基督教也有自身的解释方案，比如奥古斯丁就会基于自由意志来解释恶的存在。在《圣经》中，最重要的一件事情当属亚当和夏娃偷吃了伊甸园智慧之树的果子，导致他们被逐出伊甸园，人也从此背负上了原罪。那么应该如何理解和解释在全善的上帝所创造的世界中，亚当和夏娃为什么会违背上帝的命令呢？奥古斯丁将此解释为人的自由意志，所谓的自由意志就是一种连上帝都无法干预的能力，亚当和夏娃吃掉果子是人凭借自己的意志抛弃了上帝，而转向不再圣洁、崇高的东西。既然上帝都不能干预人的自由意志，那么恶的产生就是人的选择。但是这种解释仍然面临着一系列质疑，比如说这种不受上帝干预的自由意志也是上帝给的，为什么上帝不

13 理解信仰：致命一跃与自身的交付

给人类一种全善的意志选择呢？此外，这个世界上还有很多无意义的恶和痛苦，比如突然发生的地震令数万人和动物瞬间丧命，某一场自然山火将动植物完全消灭，这些灾难和痛苦则是自由意志也无能为力的。

除了神义论，还有从正面的角度理解神却最终消解了神的思路。这就是对神进行社会学的解释，如同前面提到的那样，人们相信神是基于人的需求，人希望通过信仰来解决生命的有限性。人会去神那里寻找所有的缺失，但正如尼采（Nietzsche）所说："信仰带来幸福，因此信仰在撒谎。"[1]

尼采并非严格意义上的无神论者，但他的一句"上帝死了"却把西方哲学传统和宗教进行了价值重估。尼采所说的"上帝"，无论在基督教还是犹太教里，都代表了某种超出自然、超出尘世、超出有限生命之上的东西，也就是与尘世或此岸相对立的彼岸世界。在这个意义上，尼采所说的上帝不仅指一神论中的"那一个神"，而且还包括柏拉图以来的整个西方形而上学传统。我们在前面提到过，柏拉图持有两个世界的看法，他认为，日常世界背后有一个更为真实的理念世界。所以，无论一神论中的彼岸世界还是柏拉图的理念世界，都在自然之上附加了超越自然的东西。在尼采看来，西方哲学和形而

---

[1] ［德］尼采：《敌基督者》，中译本参见吴增定译：《〈敌基督者〉讲稿》（文本），生活·读书·新知三联书店2012年版，第230页。

上学所追求的真理，实际上只是人的一种解释而已，这是人自己创造出来后强加在世界之上的。人的有限性促使人发明出宗教和形而上学这样的东西来保护人的生命。但是，人发明出的这些东西，最终变成了对现世和此岸生命的否定，使得我们认为尘世毫无意义。在尼采这里，神和西方哲学都陷入了重重危机。

现代也被称为世俗时代，在这个时代宗教信仰明显衰落，相较于前现代社会，无论是个体的信仰还是体系化的宗教都在式微。但是在尘世之中生活的人，并不会取消其对超越性的体验，也就是说，信仰的土壤一直都会伴随着每个人。体系化宗教中的神要求人的信仰和忠诚，亚伯拉罕拿以撒献祭充分展示了这种信仰和忠诚的绝对性。人投身信仰的那一刻就是致命的一跃，在跳起之前，人并不知道自己会不会被安全接住。信仰不仅是个体性的，还是对世界起源以及人间秩序的简明解释框架。神的不可证明性也自然带来对神的质疑，以神义论为代表的反思自古有之，而一旦将一神论和西方哲学传统等量齐观，尼采发现这不过都是人为强加的解释，以满足有限的人的各种需求，但是一旦接受了这些解释，那么人在此世生活的意义也就被取消了。在世俗社会中，作为个体的人仍然保有对无限的经验，人就是生活在生与死的张力之中，面对无法感知的死亡来寻求此世的灵魂安顿。可能人不再相信某一个具体的神，但仍然会给神圣性留下位置，甚至守护那一虚空的位置成了人终生的事业。

延伸阅读

［法］涂尔干:《宗教生活的基本形式》，渠东、汲喆译，上海人民出版社2006年版。

［美］胡斯都·L.冈察雷斯:《基督教思想史》，陈泽民、孙汉书等译，译林出版社2010年版。

［德］赫尔曼·黑塞:《悉达多》，杨武能译，译林出版社2015年版。

14
死亡教育：哲学就是练习死亡

哲学与练习死亡

"什么是死亡?"当被问到这个问题,我们脑海中冒出的第一个答案可能是心脏停止跳动、呼吸停止,这比较接近医学的标准。在临床上,医生有判断一个人死亡的确切标准,并有权利为死者开出"死亡证明"。1968年,哈佛大学的一个医学与生物伦理学小组确定了脑死亡的标准,包括意识丧失、脑干反射丧失、无自主呼吸等,意识的彻底消失也成了判定人死亡的标准之一。但随着现代医学的发展,人在脑死亡后,依然可以靠人工体外膜肺氧合(ECMO)进行体外呼吸与循环,维持肉体的存续。在人类漫长的历史上,人们实际上会把心脏停止跳动以及自主呼吸停止作为死亡的判定标准。无论是心脏死亡还是脑死亡,基本都还是生物学意义上的死亡,也就是自然的死亡现象。

如果死亡只是个自然现象，那就并不值得大惊小怪或者深究，毕竟任何生物都有从生到死的生命周期。但除了从自然意义上回答死亡，人还会对死亡有独特的感受，比如对死亡的恐惧。人自打有自我意识，就很容易被死亡的幽暗所困扰，人对死亡的恐惧通常并不是来自身体的消亡，而是意识到自我意识会永久消失。事实上，一旦死亡降临，它便不会继续对逝者带来什么伤害，而只可能对生者有坏处，因为逝者带走了生者的部分生存世界。不只如此，甚至也让生者对自己的死亡产生焦虑和恐惧，因为在大部分人看来，死亡着实是一件坏事。仔细琢磨，被视作坏事的并不是死亡本身带来的恶果，而是死亡剥夺了人在生活中继续享有美好事物的机会，或者说死亡提前终止了人们实现自己心愿的进程，我们称之为"死不瞑目"。

那么，除了他者的忧伤和自我的不甘心，死亡究竟意味着什么？死亡能够给人带来困扰，最根本的原因在于人已经和世界交融在一起，而人死后，世界仍将存在下去，唯有自己成了虚无。一旦在这个层面思考死亡，死亡就成了一个哲学命题。用哲学审视死亡，就会发现死亡是拒绝被思考的，道理很简单，因为人永远无法真正经历死亡：如果你还在思考死亡，就说明你还没有经历死亡，而一旦你已经死亡，也就再也无法思考。但是，哲学从最开始就与死亡纠缠在一起，这方面最有名的当属苏格拉底的那句名言：哲学就是练习死亡。

14　死亡教育：哲学就是练习死亡

在第二章中，我们曾共同讨论了苏格拉底在审判自己的法庭上的申辩，苏格拉底努力为自己哲学的生活方式进行辩护，并借用法庭上申辩的机会再次提醒出席陪审法庭的雅典公民们要省察自己的人生，思考什么样的生活才是真正值得过的。但是，陪审员们还是投票判处苏格拉底死刑。在获知这一消息之后，苏格拉底在法庭上对在场的人说，死亡对他来说未必是件坏事。因为，死亡无非就是两种可能，要么死就是什么也不存在，死者没有任何感觉；要么死就是发生一种变化，灵魂从此世迁移到别的一个地方。如果死亡没有感觉，就像睡觉一样，并且还省去做梦，那死亡就是件很奇妙的事情。而如果死亡是从此世到另一个地方，并且所有的死人都在那里，那么苏格拉底就可以和历史上的伟人在一起，并且还可以在那里省察和询问人们，看他们当中谁有智慧，谁自以为有智慧而实际却没有。这简直是最幸福的事情，苏格拉底说他宁愿死很多次。死亡可以让苏格拉底从杂事中解脱出来，这对苏格拉底而言无疑是更好的，所以苏格拉底在法庭上留下的最后的话就是："我去死，你们去生。我们所去做的哪个事更好，谁也不知道，除非是神。"[1]

在法庭上，苏格拉底是面向雅典城中普通的公民大众说话

1　[古希腊]柏拉图：《苏格拉底的申辩》42a，中文版参见商务印书馆2021年版，由溥林翻译。

的，而在苏格拉底临刑之前，他和亲密的伙伴们进行了最后一场哲学讨论，柏拉图用《裴洞》这部对话记下了这场关于灵魂不朽与死亡的讨论。在这里我不再复述具体的论证过程，只择其大意。人有灵魂和肉体两部分，灵魂则是人的本质，而只要人还活着，肉体自然会带来各种欲望，使得灵魂中的理性部分不能专心致志地追求智慧。所以，死亡使得灵魂摆脱身体，进而实现纯粹的沉思活动，这对哲人来说无疑是最大的乐事。哲学的本意就是爱智慧，所以学习哲学就是不断练习死亡，尽可能让自己从肉体的欲望羁绊中脱身，以实现最为完美的爱智慧，即灵魂专注于真正的存在本身。

向死而生

对苏格拉底这样的哲学家来说，死亡不是痛苦，而是一种解脱。进入现代哲学后，康德依然认为灵魂不灭是纯粹理性应该持有的理念。从柏拉图到后现代主义，哲学家们都在思考死亡。在哲学史上关于死亡的讨论中，海德格尔的"向死而生"无疑是哲学史上关于死亡最精彩的分析之一。

关于"死亡"，海德格尔首先注意到这个概念是有歧义的，"死亡"至少有三种意思。死亡的第一个含义是"结束"，也就是生命的终结。无论是动植物还是人，都会死亡，它们的生命都会结束。死亡的第二个含义是"亡故"，它不仅意味着结束，因为一个具体的人对于其他人来说是"共在者"，而世界总是我与他人分享的世界，此在的世界是与他人共在的共同世界，还意味着他／她作为别人的"共在者"的消逝以及停留在他人的记忆中。我们总是会听到或者见到他人的亡故，但却不能真正对他人的死亡感同身受。

对于死亡的前两种含义，也就是日常说的死亡，海德格尔认为有四个特征：确定性、无规定性、可能性和未来性。这是什么意思呢？简单来说就是，人都必有一死，但暂时还不会发生。死亡的确定性是说人必有一死，而如果仔细思考这种确定性，会知道人是通过认知别人的死亡，才获得对自己死亡的确定性的。死亡的无规定性是说，你永远不知道死亡何时发生。死亡的未来性是说，死亡永远是未来的事件，同时也是随时可能发生的事件，这就是死亡的可能性。

死亡的第三个含义是生存论意义上的死亡，也就是人向死而存在，简单地说就是"向死而生"。我们可以通过感知或抽象的思考来理解他人的亡故，但自身的死亡则不能作为认识对象的抽象事件，也不是感性事件，而是只能被自己亲身经验到的。海德格尔将这种死亡称作"本真的死亡"，而只有经验到自身死亡的状态才是本真的生存状态。为什么只有这种状态才是本真的状态呢？这是因为只有在这种生存状态中，人的规定性才不依赖于外在的现实世界。海德格尔将本真性的死亡称为"生存的不可能性的可能性"，要理解这句很绕的表达，需要三个步骤。首先，要理解日常意义上的"生存的可能性"。我们每个人都有特定的社会角色，比如父亲、女儿、厨师、艺术家等，这些角色都是我们人在世界上生存的"特定的可能性"。其次，一旦人之将死，他（她）的这些社会角色都失效了，在自己的死亡面前，我们不再继续扮演任何角色，这就是海德格尔所说的"生存的不可能性"，这里的"不可能"否定了社会角色意义上的"可能性"。最后，毕竟面对自己死亡的存在仍然是一种生存状态，而不是对生存的否定，亡故才是生存的对立面，所以本真的死亡就是"生存的不可能性的可能性"。

那么，这种向死而生的状态究竟是种什么状态呢？海德格尔列举了这种状态的五种特征：最本己的、无关联的、不可逾越的、确知的和无规定性的。向死而生是最为本己的一种可能性，也就是说，只与自身的存在发生关系，而无关任何社会规范；人的生存也将与周遭世界彻底分离，没有任何关联。这种状态不是只否定某种特定的角色，比如"我不是一个厨师""我不是一个父亲"等，而是对整个日常生存的否定。"不可逾越"是指本真性的死亡作为一种可能性是永远不能企及的，它不是现有的现象，而是一种"向"死的过程。"无规定性"不是指死亡作为一个事件的发生时间的无规定性，而是说向死而生作为一种生存状态本身是没有任何规定的，此在的周遭世界不再对你规定角色。这样一来，海德格尔就转换了问题的视角：重要的不是作为终结的死亡本身，而是死亡对生存的构建作用，也就是此在如何作为向死的存在而存在。关于死亡，我们虽然并不能知道些什么，但可以确知的是，死亡赋予了人生存的本真性，规定了生的可能。关于生的问题，我们在下一章会具体讨论，面对死亡的话题，还需要讨论另外两个重要的议题：自杀，以及死亡的反面——永生。

自　杀

自杀是人的主动死亡，对个体来说这是比来到这个世界更为重大的事件，因为虽然人必有一死，但在什么情况和意义上人可以选择主动死亡，以及自杀究竟是个体事件还是社会事件，自杀在道德上是不是能够接受的，这些都是重大的悬而未决的议题。

人作为一种生物，其本能是逃避死亡的，或者说任何物种都寻求逃避死亡，因为只有这样才可能使该物种得以延续。从简单的细菌到植物，再到动物，都有一套面对死亡威胁的反应机制。根据科学实验,细菌在遇到毒性物质时,会触发一套复杂机制来扭转行动轨迹以躲避危险;自然界的动物也对天敌有着天然的敏感,一旦识别到危险,便会在第一时间做出应激反应,迅速摆脱死亡威胁。物种的这种生存焦虑通过基因中的信息一代代传承下来,而在所有的生物中,恐怕只有人有最为完善的死亡意识,并且会带着这个意识思考自杀这个违背物种传承的议题。

自杀虽然首先是个体事件,但触发自杀的机制却未必纯粹是个人的。借用法国社会学家涂尔干(Durkheim)的分析,个人因素固然是自杀事件中最后的一个环节,并且有很多自杀是因为直接的疾病导致,但从本质上说,自杀是由于某种社会原因造成的。[1] 涂尔干进一步将自杀分为三种类型。第一种是利己型自杀,这发生在不能很好地进行社会整合的群体中。当人和社会、社群之间的纽带越发松弛的时候,人们就会很"利己"地为自己考虑,如果自己在生活中受到太多委屈,那就不如让自己过得舒坦一点儿从而选择自杀。在传统社会中,宗教和家庭对自杀会起到预防作用,但是在现代社会中,个体生活特征明显,这也会导致自杀行为的上升。第二种是利他型自杀,这主要指个人过于依附于集体而产生的自杀现象。这种类型的自

---

[1] [法]涂尔干:《涂尔干文集》第三卷《自杀论》,冯韵文译,商务印书馆2020年版。

杀甚至是一种义务，比如军人群体的自杀率就更高，因为他们常常通过牺牲自我来履行对群体的义务，或出于羞愧感而无法继续苟活于世。第三种是失范型自杀，也是被涂尔干视作19世纪欧洲最普遍的自杀类型。人本来生活在一套稳定的法律和道德规范之内，但是一旦这套体系发生了混乱，比如遇到重大经济或政治危机，也会导致自杀行为的上升。

涂尔干的三种类型划分实际上是对自杀原因的社会性解释，虽然未必能将所有的自杀案例都包含在内，却很有说服力。但是，一旦回到个体生命，自杀实际上面临的只是一个问题，那就是判断自己死后是否比活着更好。这个判断或决定从根本上说是无法进行比较的，因为我们前面反复说了，没有人真的知道死后是什么样子，苏格拉底则是通过论证灵魂不朽来给自己的死亡一个终极安顿。所以，主动选择死亡还是会和个体的遭遇以及观念有直接关系的，因为人虽然不清楚死后是否会更好，但至少会结束自己无法接受的当下状态。

这方面的案例和类型也有多种。比如，一个罹患绝症、深受病痛折磨的人是否可以选择安乐死来结束自己的生命呢？当然做出这一选择需要很多条件，首先病人自己痛苦不堪，不想再与病痛斗争，并且在已知的条件下，尚没有药物或有效的治疗方法能治愈疾患。但这当然也是个"赌博"，因为谁也不能保证病人在接受安乐死之后，世界上突然研发出有效的药物，或者自己的病痛经过一段时间之后突然消失，等等。有的自杀是出于自己的观念或具体的利益考量，比如新闻上会听到某贪官畏罪自杀，或者某些人因为违反了社会主流价值观而无法继续生存下去，等等，这些都属于社会既有框架下的利益计算。最后，还有一种出于对生命意义的理性考量而做出的严肃选择，比如2018年澳大利亚最年老的科学家，104岁的大卫·古达尔（David Goodall）选择去瑞士接受安乐死，这位意识清醒的老人并没有罹患绝症，只是身体衰老，生活质量急速下降，他把自己的感受写在了衣服上：Aging Disgracefully（不堪地老去）。所以，自杀在某些情况下可能是合乎理性的，但也不可避免地带有"赌博"的成分，因为除了大卫·古达尔的情形，个体总是无法在获知充分信息的情况下做出死亡一定比坚持活下去更好的判定。

永生是值得欲求的吗？

讨论完自杀，我们把最后的关切转向永生。基于死亡的虚无，除了向死而生，人更愿意为死亡设置各种替代方案。比如用群体延续的意义消解个体对死亡的恐惧，所谓"子子孙孙无穷匮也"；再有，将死亡转化为积极或转机的时刻，通过宗教允诺的彼岸世界将死亡看成另一次生命的开启；还有，用自己在此世的作品或功绩实现声名的不朽，最好的范例就是苏格拉底，虽然他不立文字，但柏拉图却将苏格拉底作为自己撰写的对话录的主角，只要世上还有人在阅读柏拉图的对话，苏格拉底就会不断复活并与读者对话。这些努力实际上都是给人以个体肉身之外更长的生命。但是，这一切努力都不如获得永生来得直接。

如果被问到"你希望永生吗？"，我想大部分人可能先是不假思索地回答："我愿意！"然后，就开始为"我愿意"添加条件，如"我愿意健康地永生"。毕竟如果做一个植物人那永生也并不是什么令人期待的事情。再多一些条件，那会是"我愿意自由、健康而富足地永生"，毕竟做永生奴隶简直是人间炼狱般的生活。所有这些条件的添加实际上都还是在描述你对美好生活的向往和想象，这种思考的极致就是在天堂里永生，也就是说，把天堂实现在人世间。但这真的就是人愿意过的生活吗？

20世纪后半叶的英国著名哲学家伯纳德·威廉姆斯（Bernard Williams）就曾专门写文章讨论永生的问题，结果他得出了一个反直觉的结论。他说永生的生活会是非常糟糕的，那种生活就像被困在一个无休止的鸡尾酒会里。当你积累了一定的人生经历，见了天地、见了众人后，生活就会让你厌倦。人的生活是需要欲望的,除了要有我们日常生活中非常熟悉的各种欲望,还有一种欲望也是不可或缺的,那就是让你继续体验这个世界的欲望。所以,人要想继续活下去,就得体验新的东西。但只要经历足够长的时间,对于个体来说,能提起我们注意力及让我们兴奋的所有东西,我们都可以加以体验。这样一来,永生就让我们丧失了想要继续体验这个世界的欲望。在这一点上,我必须说,威廉姆斯的观点是非常正确的,如果真有了永生,不但生活会使人厌倦,而且永生从根本上也取消了人做事的意义,所有事情的不同都显得微乎其微。

只有在构想永生的时候,你才会发现,正是死亡使人有生存的意识与感知,才开始筹划人生。当死亡被取消了之后,实际上生命本身也被取消了。这样一来,永生就会是人最想摆脱的事情了。在存在论的意义上,生存与死亡始终缠绕在一起,彼此规定、相爱相杀。对于人来说,最重要的可能不是如何实现永生,而是如何过好这一生。因为以上帝视角来看,所有生物为维系生存而依赖的机制非常复杂而脆弱,对于包括人在内的所有生物而言,死亡并不奇怪,或者说是再正常不过的现象;而真正需要惊叹的是自己竟然有一次机会来到这个世界上,对人而言,有机会活着才更是一次奇迹。死亡固然带来了绝对的深渊,但生对人来说必将是一场更为复杂而艰巨的谋划。

延伸阅读

[古希腊]柏拉图:《裴洞篇》,王太庆译本或杨绛译本。

[美]谢利·卡根:《死亡哲学》,贝小戎等译,北京联合出版公司 2016 年版。

[加拿大]理查德·贝利沃、[加拿大]丹尼斯·金格拉斯:《活着有多久》,白紫阳译,生活·读书·新知三联书店 2015 年版。

15
何以成人：生得荒诞，活得虚无？

15 何以成人：生得荒诞，活得虚无？

意义的危机

人可能是地球上为数不多的会对死亡有意识，以及要给自己寻求意义的动物了，但是死亡和意义这些问题注定不会有标准答案。其实，没有标准答案所带来的危机还是次要的，最大的危机来自人提出"生命的意义"这个问题。如果人不问这个问题，尚还能充实地生活，但一旦开始思考，便要被这个问题困扰。

思考生命的意义的首要行动是反思自己和世界的多重荒诞关系。首先，个体的人来到这个世界上是不受自己控制的，父母并没有和你商量就把你带到这个世界上，并且还把你带到了一个特别具体的时空和家庭之中。为什么非是你来到世界上呢？不光出生是荒诞的，死亡也是荒诞的，因为死亡对于大多数人来说是不可预期的，人随时都有可能与死神会面，这本就是生命的无常,并没有什么缘由。

在个体生命之外,这个世界也很荒诞。人类并不是一直都存在的,今天的科学已经告诉我们,地球上本没有人,后来才慢慢进化出了人,更为重要的是,总有一天,地球乃至太阳系都会消失,人类或许在那之前就已经消失了。人一旦把自己放入一个更宏大的时空之中,不光自己的生命荒诞起来,连人类整体都丧失了意义。如果生命和世界如此荒诞,那么所有的意义探寻会不会只是人的自娱自乐呢?

如果检视哲学史,我们会发现很多哲学家也有类似的观点。比如哲学家阿尔贝·加缪(Albert Camus)就提出生活本质上是荒谬的,人如果试图用理性的方式认识世界、获取意义,那注定是徒劳的。加缪在《西西弗斯神话》中,借古希腊神话中的西西弗斯看到了人类的困境。[1] 在希腊神话中,西西弗斯是科林斯这个城邦的建立者,因为他冒犯了诸神,所以诸神惩罚他每天推着一块大石头到山顶,而由于巨石太重,他必须用尽全力。加缪如此形容说:"人们看到的是一张拧紧的脸,面颊紧贴着石头,肩膀撑着沾满泥土的大石块,双脚插入土里,每迈出新的一步双臂都要伸展拉伸,人身安全只有靠那沾满泥土的手来保障。漫长劳作的最后是紧贴头顶的天空和没有边际的时

---

[1] [法] 阿尔贝·加缪:《西西弗斯神话》,张清、刘凌飞译,中国对外翻译出版有限公司2013年版。引文同。

间，此时目标便达成了。"但是，付出如此艰辛的西西弗斯却无法安歇，因为每次当他把石头推上山顶，石头就会立刻滚落下山，西西弗斯只能眼睁睁地看着。然后西西弗斯就要到下面的世界，再次推石头上山，周而复始。在加缪看来，这个神话恰当地说明了我们的世界，展现了人所面对的境况。

但是西西弗斯的神话不光是一个荒诞的故事——西西弗斯并没有因为荒诞而放弃推石头。加缪曾经提出"自杀是唯一真正的哲学问题"，也就是说，如果世界如此荒诞，人还有什么理由不自杀？针对这一问题，西西弗斯恰恰就是答案，他接受了这一总体的荒诞，但用自己竭尽全力地推石头这一行为来为自己创造了意义，这一生命行动本身就是在反抗荒诞。在加缪看来，西西弗斯是一个荒谬的英雄，他用全身心的精力去做无用功，但他的激情和痛苦恰好成就了他这个英雄人物，"迈向高处的挣扎足够填充一个人的心灵"。

考问意义

人一旦开始为生活寻找意义，那么首先需要追问"意义"究竟是什么意思。当我们说生命的意义的时候，实际上是在追问生命的终极目的是什么、生命的价值是什么以及生命应该追求什么。人在日常生活中,很容易为自己找到具体的意义。比如说努力工作是为了赚钱,赚钱是为了过上物质丰足的生活;帮助别人是为了内心的满足或者社会给予的荣誉;等等。但除了具体的意义,人还总想给自己赋予一个总体的意义,而这个问题又关涉对何以为人的思考,这在人类历史上相当长的时间内,并不是一个很大的问题。

古代的哲学家对于生命的意义是很确定的。在古希腊语中,"目的"这个词是"telos",这个词本身也有"终点"的意思。亚里士多德认为"终点"就是"目的","目的"也是最好的。如果要追问人的目的,那么答案很明确,就是将人最好的能力发挥出来。无论是柏拉图还是亚里士多德,他们都坚定地认为,哲学沉思的生活才是值得追求的幸福生活。与这个方案相观照的还有灵魂不朽等信念,这在根本上是将人生的意义与一种不朽的精神实体或者理性勾连在一起。对普通人来说,如果他没有天资过上最好的沉思生活,那么生命的意义就被寄托在参与城邦的公共事务上面。平时他们可以作为公民在公民大会和陪审法庭上发言,城邦需要对外作战时他们则成为勇敢的士兵,在他们看来,最好的死法不是寿终正寝,而是在战场上英勇牺牲,获得永垂不朽的声名。所以,在古代世界中,个体的生命意义非常确定地和城邦生活联系在一起,而哲学家的沉思生活则是在此基础上的更完善的生活方式。

15 何以成人：生得荒诞，活得虚无？

能够为人提供确定性生命意义的还有宗教给予的方案。如果人相信是神创造了世界，那人的生活便有了坐标，不仅尘世的生活拥有了位置，而且还有确定的彼岸世界。对人来说，只有在与神（无论具体是哪个神）建立了关联，并完成了神所指定的目的后，人的存在才有意义。但依赖神的方案有其自身的困难，比如世界有众多宗教，最主要的三大一神教彼此并不通融，比如犹太人会认为自己是上帝的选民，也就表明其他人并不是选民。那么对异教徒来说，该如何安顿自己生命的意义呢？不仅如此，希腊哲学方案与宗教方案还有一个共同的疑难，那就是当人把真正的生命意义安顿交给一个完善的灵魂或者上帝时，就会对此世的生活带来根本的意义危机，因为彼岸世界越完美，现世生活的意义就越微弱。

确定性生命意义的方案在近代逐步受到质疑，在被称为"文艺复兴宣言"的《论人的尊严》一书中，皮科（Pico della Mirandola）把意义的问题重新拉回到自由的人。皮科提出人是最幸福也是最值得羡慕的生命体，这是因为造物者在将宇宙秩序安排好之后，对第一个人亚当说："亚当，我们没有给你固定的位置或专属的形式，也没有给你独有的禀赋。这样，任何你选择的位置、形式、禀赋，你都是照你自己的欲求和判断拥有和掌控的。其他造物的自然一旦被规定，就都为我们定的法则所约束。但你不受任何限制的约束，可以按照你的自由抉择决定你的自然，我们已把你交给你的自由抉择。我们已将你置于世界的中心，在那里你更容易凝视世间万物。我们使你既不属天，也不属地，既非可朽也非不朽；这样一来，你就是自己尊贵而自由的形塑者，可以把自己塑造成任何你偏爱的形式。你能堕落为更低等的野兽，也能照你灵魂的决断，在神圣的更高等级中重生。"[1] 皮科的这段话表面上看是在基督教语境下讲的，但仔细品读会发现他为人规定了一种非常特殊的位置。虽然同为上帝的造物，人类却保有一种不确定的、开放的可能性；上帝虽然造了人，但上帝也给了人创造自身的方式来完成最终的被造物。人有自由，而正是这种自由使得人不能只简单地接受关于某种特定意义的教义，还需要自己来创造。

从文艺复兴以来，即便是在宗教的背景之下，人也开始更为主动地在人的维度中找寻意义，而这一路径中又有两种哲学主张。第一种是基于人的主观欲望，可以称为主观自然主义。根据这种观点，生活的意义是因人而异的，一切意义都取决于具体的人的欲求。一个人生活得更有意义就意味着，他得到了他特别想要的东西，实现了他的个人目标，或者就是在做他认为真正重要的事情。晚近最流行的观点是，只要人关心或热爱某些东西，那么他（她）的生命就是有意义的。这种建基于主

---

1 ［意］皮科·米兰多拉:《论人的尊严》，顾超一、樊虹谷译，北京大学出版社2010年版，第25页。

观认知基础上的意义规定实际上是回到每个人的本真性上,也就是说,每个人根据对自己的认识和真实的本性,来为自己确立一种生活方式。显然这种哲学方案必定会遭到反对,因为如果一切都是主观的,那如何判定不同主观欲望的标准呢?如果个人迷恋幻觉而爱上了自毁的生活,这种生命意义是否也值得辩护呢?

第二种是与主观自然主义相对的客观自然主义,这一观念认为生命的意义至少有一部分是由客观的事物构成的,而不仅仅是主观的态度。在这个物质世界中,存在着某些可以赋予人生活意义的条件,而不仅仅有人的主观欲求。比如道德、探究、创造力就是公认的赋予生命意义的事物,而一旦人的主观欲求和这些客观事物合体,意义就自然产生了。

当然,对这一立场我们可以继续追问,我们何以知道真、善、美就是客观的、具有意义的呢?康德在《判断力批判》结尾处曾经提到一个正直的人,他既不相信上帝也不相信有来世。这样一来,他将如何通过自己所尊崇的道德法则来确保自己做一个正直、和气且充满善意的人呢?因为他的周遭世界充满了欺诈、暴行和嫉妒,所有像他一样的人虽然坚守自己的意义去追求,却遭受着贫困、疾病等不幸。他们自己认为是创立了普遍的道德法则,但却总被抛回到深渊之中。康德最后认为,这个正直的人要保卫自己的意义,而又不感到自己的努力是徒劳的，唯一的方案就是接受上帝的存在，只有这样才能在来世的意义上确保回报。所以，人一旦质询世界内部的客观价值和意义，很容易就会奔赴超自然的存在，也就又回到前面宗教背景下的哲学方案。

除了把上帝请回来，还有没有别的可能性呢？这时，我们对西西弗斯的形象可以有新的理解。那就是像西西弗斯不断地推石头一样，一个人在知道了生活中充满了假、恶、丑之后，可以选择坚定地维护真、善、美，他这么做并不是为了获得什么报偿，而就是要在这个世界上捍卫普遍法则，正是在这种捍卫中他彰显了人性的意义，成为这个世界永不妥协的抗争者。

把自己当作礼物

我们已经看到哲学家们和先人们思考生命意义的诸多方案。但是，我们是否可以采取另一种态度来看待自己来到与离开这个世界呢？虽然父母没有与你商量就把你生了下来，但除了荒诞，这难道不是最好的礼物吗？这个礼物并不是只给父母的，同时更重要的是给我们自己的礼物。在上一章中，我们讨论了海德格尔用本真性的死亡来界定存在，而谈论死亡的前提是要有生命。每个人通过自己的出生创设了未来的死亡，死亡

15 何以成人：生得荒诞，活得虚无？

固然是确定要来临的，但我们还可以确定的一件事情是自己目前还活着，并且还将继续活下去，所以人完全可以在自己的存在中感受生命的意义。

如果把自己作为礼物，我们在这个世界上的意义可以有很多，无论那些意义是超自然力量或者人类社会给定的，还是自己给自己创造设定的，把自己作为礼物更为底层的逻辑是我们要享受并经历这一切。人虽然不能选择何时来到这个世界，以及来到这世界的哪个具体的角落，但是人在降临之后，唯一确定的是可以带着好奇心来经历这个世界及自己的一生。

把自己作为礼物，实际上是要对日常生活重新加以肯定，对多样性的、个别的自我给予热烈的拥抱。在现代世界中，人更难从典范模式中去接受现成的模仿对象，整个世界也不再有确定的神圣秩序，时间则成为一系列事件发生的链条，生活的事件本身构成了我们的全部故事。生活的现代模式就是分解性的、个别化的自我经验，不同于传统的是，我们要肯定和支持这些个体化经验。另外需要强调的是，这并不是要走向自我放纵，而是从众多个体故事之中看到缤纷多彩的自我超越的经验。

对日常的肯定与我们一直强调的爱智慧并不矛盾，保持对世界持久的好奇心就是哲学的起源，哲学不像宗教那样许诺拯救灵魂，使人永恒；哲学只想把对意义的探寻一直进行下去，追问生命的内容和局限。我们又回到了整本书的开篇处，回到苏格拉底的名言："未经省察的人生是不值得过的。"或许对这句话可以再做一些调整，人生在根本上就在于不断地省察，而这恰恰是哲学这种生活方式所能赋予生命的意义。

经过漫长的跋涉，我们关于什么是教育，或者更根本地说哲学式的思考与生活方式的探究终于要告一段落。在现代社会中谈教育或哲学的生活方式面临着一些独特的挑战和困难。因为现代世界的一个重要特征就是社会分工高度发达，生活在现代社会中，人不可避免地会被抛入某一个具体的细分领域，接受教育、培训和终生的工作。专业化社会机制确立了一整套专业化的教育体系。但是人之所以为人，在于我们会在根本的意义上对人的整体进行追问，试图去理解自我、世界以及自己与万物的关系，但是要回答这些问题，并不能完全依靠专业化的技能培训与知识教育。

所以，教育首先是通识的教育或者人文教育，这本书的总体努力就是想呈现出关涉总体人文目标的重要议题，以及一些伟大的心灵对这些议题的思考与回答。先哲们的回答并不是最终的答案，或者说哲学并不许诺确定性的回答，而只是召唤你进入这些基本的问题领域，然后凭借我们所拥有的自由，开始哲学思考，在这个意义上，教育在本质上是自我教育。

最后，我想用柏拉图《理想国》的结尾来收尾。我们在前

15 何以成人：生得荒诞，活得虚无？

面说过，在《理想国》中苏格拉底讨论了什么是正义，以及正义就其自身而言是值得追求的，在全书的最后，柏拉图借苏格拉底之口讲了一个灵魂转世的神话，来劝勉人应该坚持过正义的生活：

> 人们保存了一个神话而没有使之湮没，而如果我们相信它的话，它将能保全我们，我们将能安全地跨越那遗忘女神的河流，并使我们的灵魂不受污染，如果我们听从我的劝告，相信灵魂是不死的，并且相信它有能力既能耐受一切恶德，也能承当一切善端，我们就将永远坚持一条向上的路，在任何情形下都是在智慧的襄助下一心追求正义。这样，我们就将使我们既和自己友善，也和神祇们和睦，不论是我们尚在此世逗留的时候，还是当我们将来获得来自正义的奖赏之后——那时，就像那竞技中的优胜者一样绕场凯旋；就这样，不论在此时此岸还是在那我们已经说过的千年的旅程中，我们顺利前行。[1]

---

[1] ［古希腊］柏拉图：《理想国》621c—d。

延伸阅读

［俄］陀思妥耶夫斯基:《卡拉马佐夫兄弟》,荣如德译,上海译文出版社2006年版。

曾彦修:《曾彦修访谈录》,李晋西记录整理,人民文学出版社2020年版。

［哥伦比亚］加西亚·马尔克斯:《百年孤独》,范晔译,南海出版公司2011年版。